# LOUIS DE BÉCOURT

TRÉSORIER PAYEUR GÉNÉRAL HONORAIRE, MAIRE DE CEYSSAC

CHEVALIER DE LA LÉGION D'HONNEUR

# HISTOIRE

## DE

# CEYSSAC

## (HAUTE-LOIRE)

ILLUSTRÉE DE GRAVURES HORS TEXTE

LE PUY-EN-VELAY

IMPRIMERIE PEYRILLER, ROUCHON ET GAMON

23, BOULEVARD CARNOT, 23

1916

# HISTOIRE DE CEYSSAC

# LOUIS DE BÉCOURT

TRÉSORIER PAYEUR GÉNÉRAL HONORAIRE, MAIRE DE CEYSSAC
CHEVALIER DE LA LÉGION D'HONNEUR


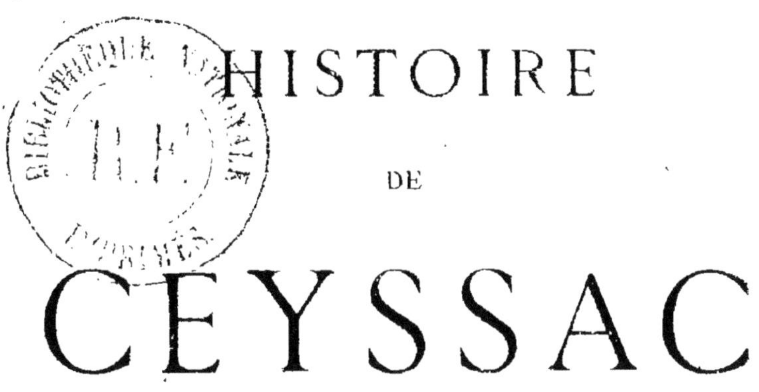

# HISTOIRE

## DE

# CEYSSAC

## (HAUTE-LOIRE)

ILLUSTRÉE DE GRAVURES HORS TEXTE


LE PUY-EN-VELAY

IMPRIMERIE PEYRILLER, ROUCHON ET GAMON

23, BOULEVARD CARNOT, 23

1916

# AVANT-PROPOS



J'ai été guidé par mon profond attachement pour Ceyssac en publiant ce volume. Je fus de tous temps un fervent admirateur de ce joli coin du Velay ; j'en aime les horizons et les beautés agrestes et toutes mes sympathies vont à ses honnêtes cultivateurs dont le labeur quotidien révèle de remarquables qualités de robustesse et de courage, aussi au cours de ma longue carrière administrative, ma famille et moi éprouvions-nous une véritable joie lorsqu'arrivait l'époque des vacances qui nous permettait, chaque année, de faire un séjour de quelque durée à Ceyssac.

En 1907, je m'y retirai après avoir pris ma retraite comme Trésorier Payeur général du Tarn. L'année suivante ayant été appelé par la confiance de mes concitoyens aux fonctions de maire, je me suis consacré depuis lors à cette intéressante commune, en employant tout ce que j'avais d'expérience et de force pour accroître, autant que possible, sa prospérité et améliorer le bien-être de ses habitants.

J'ai conçu le projet d'écrire la monographie de

Ceyssac au début de l'été de 1914. Cette idée me vint tout à coup en me promenant un après-midi dans le vallon, seul avec mes pensées ; je suivais alors les méandres capricieux de la Ceysse, à travers les prairies ombragées de saules et d'ormeaux, le regard fixé sur le dyke volcanique et les sombres ruines féodales de Ceyssac, dans ce silence et ce calme de la campagne si favorables à la rêverie et à l'étude !

Cette publication est un hommage rendu à la commune que j'administre ; elle a été inspirée par le souci de son honneur et de son juste renom, et est le fruit de consciencieuses recherches. En rassemblant les précieux matériaux du passé, je me suis proposé de faire connaître, autant que l'ont permis l'obscurité des vieux temps et la lettre morte des documents, l'histoire de Ceyssac, de ce bourg si modeste de nos jours mais qui a joué autrefois un rôle important dans le Velay.

La baronnie de Ceyssac, bien que ne comptant pas parmi les baronnies ayant le droit d'être représentées aux Etats du Velay, était cependant plus ancienne que la plupart d'entre elles ; elle se perdait dans les ombres du moyen âge et son château-fort était du petit nombre de ceux édifiés dès le xie siècle dans la province.

Cette seigneurie avait beaucoup de relief à cause de la valeur défensive de son château qui avait repoussé victorieusement de nombreux assauts au moyen âge et pendant les guerres de religion, et aussi en raison de la notoriété et de la grande autorité de ses seigneurs. Le castel, fleuron des Polignac, était échu à cette puissante maison (ainsi que la baronnie), à la suite du mariage de Pons III, vicomte de Polignac, avec l'héritière des premiers barons de Ceyssac. Tout, jusqu'au blason de ces seigneurs primitifs de Ceyssac, dans lequel on ne trouve aucune diversité ni différence avec celui des Polignac, vient attester l'antique origine de Ceyssac et son importance dans les siècles passés.

L'intérêt de ces souvenirs historiques et le charme particulier du vallon de Ceyssac, avec ses brèches basaltiques et ses curieuses grottes, donnent la raison d'être de cette monographie dont l'absence jusqu'ici constituait, selon moi, une lacune absolument regrettable.

J'espère que mes compatriotes apprécieront mes efforts et réserveront un bienveillant accueil à cette modeste étude à laquelle je me suis livré avec ardeur et cet amour sincère de la vérité qui est le propre de l'histoire.

Il ne me reste plus qu'à exprimer ma gratitude — devoir bien agréable pour moi — aux personnes qui m'ont éclairé de leurs conseils ou aidé par la communication de divers documents.

Mes remerciements s'adressent au savant

archiviste de la Haute-Loire, M. Antoine Jacotin auteur des *Preuves de la Maison de Polignac* dans lesquelles j'ai puisé à pleines mains, et à M. l'abbé Mercier collaborateur érudit de M. Jacotin dans ce vaste et remarquable travail. Je ne saurais trop remercier M. l'abbé Mercier de ses précieux avis et de ses utiles renseignements. J'exprime également tous mes remerciements à M. l'abbé Pascal, ancien élève diplômé de l'Ecole du Louvre, pour l'intérêt qu'il n'a cessé de porter à mon travail, et auquel je suis redevable de nombreuses et importantes communications, notamment sur Chadenac.

Enfin, j'apporte mon tribut d'hommages et de regrets à la mémoire de mon excellent ami M. Léon Giron, à cet homme de cœur, à ce patriote doublé d'un artiste. Il avait passé sa jeunesse à Ceyssac avec son frère Aimé, et tous deux aimaient à en évoquer le souvenir et à en louer l'admirable sîte ; ils ont écrit sur Ceyssac, à l'époque où le maréchal Pélissier y fit un séjour, quelques pages dans lesquelles ils ont déployé les ressources de leur esprit cultivé et original. Désireux de donner plus de variété et d'intérêt à mon œuvre, j'y ai introduit les récits de M. M. Giron, qui renferment de curieuses anecdotes ainsi que des tableaux peints avec vérité et sentiment.

Louis DE BÉCOURT.

CEYSSAC

Vue générale et ruines du château fort.

(Cliché de M. l'abbé Pascal)

# HISTOIRE DE CEYSSAC

## LIVRE I<sup>er</sup>

CEYSSAC — TERRITOIRE DE LA COMMUNE — SON ASPECT
LE BOURG — SON ORIGINE — ARCHÉOLOGIE
ANECDOTES

---

## CHAPITRE PREMIER

Commune de Ceyssac : ses limites, sa situation, sa population. — Villages et autres lieux habités. — Agriculture et statistique générale. — Aspect particulier du vallon. — Un peu de de géologie, rochers, dyke de Ceyssac, alluvions. — Pierres précieuses du Riou Pezouillou.

La commune de Ceyssac fait partie du canton Nord-Ouest de l'arrondissement du Puy (1). Bornée au nord-est par la commune d'Espaly, au sud-est par celles de Vals et de Saint-Christophe-sur-Dolaison et à l'ouest par celles de Bains et de Sanssac-

---

(1) Nous donnons plus loin au Liv. VIII, chap. I<sup>er</sup>, consacré aux temps modernes, des détails sur l'organisation de la commune après la Révolution de 1789 et les transformations successives du nouveau régime municipal.

l'Église, sa plus grande longueur va du nord au sud-ouest ; elle revêt la forme d'un triangle irrégulier et comprend un territoire occupant une surface de 1086 hectares. Sa population de 317 habitants, d'après le recensement de 1911, est dispersée entre quatre villages (y compris Ceyssac), sept hameaux ou écarts et 123 maisons.

Le bourg de Ceyssac est la localité la plus importante de la commune dont il est le chef-lieu, il compte 91 maisons (1). Il est situé à quatre kilomètres et demi du Puy, à une altitude de 705 mètres, dans un charmant vallon que traverse la Ceysse ou ruisseau de Ceyssac (2) qui, descendant des hauteurs de Montbonnet et d'Augeac, commune de Bains, mêle ses eaux à la Borne, affluent de la Loire, à 2.500 mètres environ du Puy, en amont d'Espaly-Saint-Marcel.

Les villages, hameaux et écarts autres que le bourg sont Chantilhac, Senilhac, Brossac, Chadenac, Clary, le Croustet, Chante-Perdrix, la Peyreyre, la Crebade et les Salles, sis sur des plateaux ou des versants dominant Ceyssac et sa vallée.

« Le Vigneau » ou vignoble (3) est la partie du vallon de Ceyssac traversée par la route du Puy et où l'on aperçoit, çà et là au bas de la colline ou s'étageant sur les versants, d'assez nombreuses maisons au milieu de quelques ceps et autres plantations. Ces bastides dont beaucoup sont pour ainsi dire accro-

---

(1) En y comprenant les maisons du vignoble avoisinant Ceyssac.
(2) Liv. VIII « Les temps modernes », chap. II « Les cours d'eau ».
(3) Le Vigneau qui ne possède habituellement qu'une dizaine d'habitants en compte plus de cent, avec les forains dans la belle saison.

chées au coteau, appartiennent pour la plupart à des
habitants du Puy qui viennent, dans la belle saison, y
goûter les douceurs de la vie champêtre, c'est ce que
le citadin propriétaire à Ceyssac appelle « sa vigne ».
Aujourd'hui, dans le vallon, les plans de vignes
deviennent plus rares en raison des conditions clima-
tériques de moins en moins favorables à cette culture ;
un grand nombre de pieds ont été détruits par les
propriétaires et remplacés par d'autres cultures,
surtout par des céréales. Il est à remarquer aussi que,
malgré la raideur des pentes et la résistance du sol
en maints endroits sur le flanc de la colline, les
terres sont généralement bien cultivées dans le vallon.

La commune est essentiellement agricole et pas-
torale ; la propriété y est très divisée comme dans tout
notre département, et la plupart des propriétaires
cultivent par eux-mêmes leurs terres.

Nous donnerons un peu plus loin, lorsque nous
parlerons du dyke de Ceyssac, quelques indications
sur la formation et la nature des terrains (1).

Nous complétons les renseignements que nous
avons déjà fournis sur la population, situation et
topographie de la commune, en donnant à l'appendice de cet ouvrage, un tableau contenant des éléments
de statistique plus étendue.

(1) Voir plus loin, même chapitre.

## ASPECT PARTICULIER DU VALLON DE CEYSSAC

Placé dans un site pittoresque, d'un caractère particulièrement original, Ceyssac est vraiment charmant. Son vallon verdoyant aux aspects si variés « est aimé de ceux qui y viennent, adoré de ceux qui y naissent » selon l'expression d'Aimé Giron dans le gracieux tableau brossé par lui, il y a quelques quarante ans (1), aussi est-il, dans la belle saison, le but de promenade de nombreux touristes. Ceux qui n'ont pas perdu l'habitude romantique de voyager à pieds et sont en quête de vrai repos savourent les charmes de ce petit coin du Velay tranquille et coquet. Lorsqu'on suit la vallée de la Borne en venant du Puy et que l'on débouche dans le val de Ceyssac où serpente capricieusement le ruisseau de ce nom, à travers de vertes prairies ombragées de saules et d'ormeaux, le regard est attiré tout à coup par une tour carrée en ruines couronnant la crête d'un énorme rocher à pic, aux assises presque horizontales. Cette tour flanquée de murailles crénelées dont la silhouette apparaît à l'horizon, au dessus de rideaux superposés de verdure, est tout ce qui subsiste aujourd'hui de l'antique castel de Ceyssac (Castellum Celsiacus) (2), apanage de la maison de Polignac. La vision soudaine de ce dyke volcanique et

---

(1) Voir même livre, chap. ii.

(2) Castellum Celsiacus (1089). Saint Georges du Puy; voir même livre chap. ii et liv. II, chap. ier.

CEYSSAC
Aspect du vallon.

(Cliché de M. l'abbé Pascal)

de ces sombres ruines féodales, muets témoins des temps disparus, évoque des souvenirs qui ajoutent leur grandeur à la beauté du tableau et prêtent à une mélancolique rêverie !

C'est surtout au printemps qu'il faut voir Ceyssac ; son vallon est fort séduisant à cette époque d'allégresse printanière : les sentiers sont encadrés d'aubépines et de cityses, les lilas fleurissent au pied des rochers basaltiques, des parfums inconnus s'exhalent de la terre et des plantes !

Que d'agréables promenades il nous a été donné de faire aux mois de mai et de juin, sur les bords de la Ceysse, à l'ombre des grands arbres, dans le calme et la fraîcheur du vallon !

Il est intéressant aussi, si l'on veut sortir de la vallée, de suivre les petits chemins en lacets qui escaladent les coteaux et conduisent aux plateaux d'où l'on jouit d'un admirable panorama sur le Puy et le décor changeant et grandiose des montagnes du Velay !

## UN PEU DE GÉOLOGIE, ROCHERS, DYKE DE CEYSSAC
### ALLUVIONS

La brèche qui s'élève en dyke au fond de la vallée de Ceyssac, de cette vallée qui, pendant la première période de l'époque tertiaire, formait un des nombreux et vastes lacs du bassin du Puy, mérite certainement de retenir l'attention du promeneur ; elle est due à l'action volcanique intense qui est venue, au

milieu de la période pliocène (1), bouleverser la surface du pays et en changer à la fois, l'aspect et la
température. C'est à cette époque que se sont édifiés
ces amas de projections basaltiques, de brèches qui,
démantelées aujourd'hui, forment le dyke de Ceyssac,
le rocher-cascade de Brossac dont les eaux se préci-
pitent avec fracas dans le ravin de Ceyssac, et bien
d'autres murailles rocheuses, aux aspects variés,
fendillées en tous sens par le refroidissement ou l'action du temps.

Les puys du Velay autrefois bouches de feu béantes,
maintenant en sommeil, ne lancent plus vers le ciel
leurs bombes rougeâtres et leurs laves ardentes, fort
heureusement pour nous.

Le rocher de Ceyssac compte parmi les plus célè-
bres du bassin du Puy avec ceux de Corneille, Saint-
Michel, Polignac et Espaly. Actuellement isolé, il se
rattachait autrefois aux brèches basaltiques du flanc
droit de la vallée ainsi qu'il est facile de s'en rendre
compte en remontant le ruisseau.

Sur le plateau qui domine le vallon à l'est, se
trouve, à une altitude de 892 mètres, l'ancien volcan du
Croustet dont le cratère (2) renferme des laves poreu-
ses où se trouvent des gemmes (zircons, saphirs, gre-
nats) que désagrège et roule le Riou-Pezouillou. C'est
le seul gîte de zircon-hyacinte connu en France (3).

(1) Etage supérieur du tertiaire qui contient les fossiles les plus
récents.

- (2) Voyez Bertrand de Lom, *Description minéralogique du gisement volcanique du Croustet ou du Riou-Pezouillou.*

(3) Pierre plus dure que le quartz et de la sous espèce désignée
zircon-hyacinte par Brongniart.

ROCHER DE CEYSSAC

Ces gemmes ornaient autrefois les bijoux de la fabrication des habiles orfèvres de la ville du Puy. M. Paul Le Blanc, dans une étude sur les pierres précieuses du Riou-Pezouillou, fait connaître, d'après Douet d'Arcq (1), que les inventaires des joyaux de nos Rois, des princes, des grands personnages du moyen âge et de la Renaissance témoignent de l'emploi de ces gemmes et que le roi Charles VI, notamment, possédait quelques bijoux qui en étaient ornés (2).

Le sol de Ceyssac se trouve constitué, en majeure partie, par des produits volcaniques et des alluvions; les dépôts sédimentaires de l'époque du pliocène moyen, sables, argiles, marnes et calcaires contiennent à Ceyssac de nombreux fossiles qui révèlent une flore et une faune des plus variées, et, parmi les mammifères, des mastodontes et des rhinocéros à côté de nos ruminants actuels. L'étude de ces alluvions et des coulées basaltiques serait très intéressante, mais elle échappe à notre compétence et dépasse d'ailleurs le cadre modeste de cette monographie; cependant, afin de faire profiter le lecteur des savantes recherches de M. Marcellin Boule (3) dont les ou-

(1) Douet d'Arcq, *Choix de pièces inédites*, relatives au règne de Charles VI, publiées par la Société de l'histoire de France, tome II, page 279.

(2) Paul Le Blanc, *Annuaire départemental*, Haute-Loire (1876) (partie historique); — voir également *Chroniques d'Et. Médicis*, tome I<sup>er</sup>, page 102 (note 3) et tome II, page 260 (note 2).

(3) Marcellin Boule, professeur au Muséum de Paris, collaborateur du service de la carte géologique de France, auteur du *Guide du touriste, du naturaliste et de l'archéologue* (Haute-Loire).

vrages géologiques font autorité, nous insérons à
l' « Appendice » le travail qu'il a présenté, en 1892,
à la Société géologique de France, comme programme
d'une excursion projetée dans le Velay par cette docte
Société, excursion qui a eu lieu à Ceyssac et dans
d'autres parties du Velay en 1893 (1).

(1) Extrait du *Bulletin du service de la carte géologique de France*,
mars 1892, n° 28, tome V.(1891-1893), programme explicatif des
excursions dans le Velay.

# CHAPITRE II

Origine du bourg de Ceyssac, son antiquité. — Un des aspects
de son vallon par Aimé Giron. — Les grottes de Ceyssac
pendant l'ère celtique, le moyen âge et l'époque des guerres
de religion. — Monument lapidaire et vestiges de l'époque
romaine.

*Ceyssac* (Celsiacus), est un des noms communaux
terminés de nos jours en *ac, as, at* ou *ec*, dans lesquels
le suffixe *acus* s'ajoute à des gentilices ou à des cogno-
mina romains ; il résulte de la forme spéciale et de
la désinence caractéristique de ce nom qu'il est d'origine gauloise ou gallo-romaine. Il nous paraît intéressant d'en indiquer ci-dessous les diverses transformations :

Castrum quod vocatur Ceyssac, Nobiles de Cheis-
sac (xi<sup>e</sup> siècle, Chronique S. Petri de Mont Anic) ;
— Castellum Celsiacus 1089 (Saint Georges du Puy) ;
— Sacsiacum V, 1164 (hosp. du Velay) ; — Castellum
de Ceissac, 1171 (Baluze, mois d'Auvergne II, 67) ;
— Saisac 1173 (lay du tr. des ch. I, 105) ; — Castrum de Saissac, 1229 (Tablettes du Velay, 1875-76,
504) ; — Cessacum 1257 (archives nationales J. J.
30 B, folio 42) ; — Castrum de Sayssaco, 1330 (J. de
Peyre, n<sup>e</sup>, reg<sup>e</sup> C, folio 45 v°) ; — Eccl. paroch.
S. Johannis de Ceyssaco, 1474 (Maltrait, n<sup>e</sup>) ; —

Ceyssacium, 1514 (J. Boyer, n^e) (Extrait du Dictionnaire topographique du Département de la Haute-
Loire, par A. Chassaing et A. Jacotin (1907) pages 4
et 51 (1).

Ce lieu était jadis fortifié et environné d'épaisses
murailles qui commencaient à se ruiner au milieu
du XVIII^e siècle (2).

Ceyssac augmenta peu à peu sous la protection de
son château-fort. Les maisons du bourg se groupent
autour du rocher de brèche qui porte les ruines de la
forteresse et abrite aujourd'hui à ses pieds, dans la
verdure d'un joli parc, un château moderne, élégante
construction du dernier siècle, formant là un heureux
contraste avec ces sombres vestiges du moyen âge.

Le château ainsi que les ruines de la forteresse sont
à présent la propriété de la famille de Bécourt.

Avec le style imagé qui en fait un de nos meilleurs
écrivains contemporains, Aimé Giron, dans un opus-
cule publié, en 1864 (3), par le journal *La Haute-
Loire*, parle ainsi de Ceyssac :

« Ceyssac n'est qu'un étroit vallon aimé de ceux
qui y viennent, adoré de ceux qui y naissent. Un
léger ruisseau lui sert de ceinture avec un rocher volcanique pour agrafe. Le rocher abrite à ses pieds un

---

(1) Nous avons tenu à donner l'extrait de ce dictionnaire où les
sources de renseignements ont été indiquées pour chacune des
transformations du nom de Ceyssac.

(2) Extrait de la notice sur Ceyssac, rédigée le 1^er février 1760 par
Pons, prieur-curé de Ceyssac de 1757 à 1772, et publiée aux *Tablettes historiques du Velay*, 6^e année (1875-1876) page 216. Description
géographique et historique du Velay.

(3) Voir liv. VIII, chap. IV.

CHATEAU DE CEYSSAC

châtelet au toit champenois gardé de quatre jolies tourelles ; il élève sur son front une tour en ruines, fleuron des Polignac, une citerne sonore et une collerette de créneaux et d'archières masquées de lierres et de mousse. Sur un des pans se dresse humblement un clocher à trois arches à jour (1), sur un autre est appendu la cure, un cadre accroché là-haut aux flancs de la roche (2); plus bas l'église (3) du village ne laisse sortir du rocher que sa façade principale et les façades de ses deux chapelles latérales, comme la tête et les pattes d'une grosse tortue, enfin, tout autour de l'aiguille volcanique, de la base au sommet, un joli petit parc enroule et vide ses allées et ses grottes celtiques » (4).

(1) et (2) Clocher, ancienne cure, chap. 1ᵉʳ du liv. V.

(3) Vieille église, remplacée aujourd'hui par une nouvelle, chap. 1ᵉʳ du liv. V.

(4) Château moderne et ruines de la forteresse ; c'est le Dʳ Roux qui a acheté, au lendemain de la Révolution, les ruines féodales et qui a commencé la construction du château dont l'agrandissement est l'œuvre de ses descendants. Il avait marié sa fille Sylvie au savant géologue Mathieu Bertrand (de Doue), d'où un fils Jules Gabriel, avocat au Puy, décédé 5 ans après son mariage contracté en 1835 avec Charlotte Elisabeth Théry ; celle-ci se remaria avec le lieutenant-colonel Pellion devenu général de division en 1852. Charles Bertrand (fils de Jules Gabriel) propriétaire des immeubles dont il s'agit et sa mère Mᵐᵉ Pellion qui en était usufruitière, les ont vendus, par deux actes des 13 octobre 1867 et 19 avril 1869, reçus Mᵉ Philip et de Vérac, notaires au Puy, à M. Jules de La Batie, avocat, membre du Conseil général de la Haute-Loire. M. Louis de Bécourt, gendre de celui-ci, en est devenu propriétaire au décès de sa femme. On trouve dans la *France moderne de J. Villain* (1906) partie relative à la Haute-Loire, des renseignements détaillés sur ces familles. — *Tableaux de famille au château de Ceyssac* : A. Tardieu, *Dictionnaire iconographique de l'Ancienne Auvergne*, 1904 — « de Chardon

## GROTTES DE CEYSSAC

Les flancs du rocher présentent en effet de nombreuses excavations, curieuses grottes dont les premiers habitants de Ceyssac ont été les artisans et auxquels elles servirent de refuge.

Ces grottes ont subi depuis l'ère celtique des modifications plus ou moins grandes.

Après la construction du château-fort qui les domine, certaines ont servi de magasins, d'écuries, de casemates, d'autres de lieux d'asile aux familles du village, lors des sièges multiples que la forteresse a soutenus au moyen âge et pendant les guerres de religion. En les visitant, l'on se rend compte de ce que peuvent les hommes quand ils veulent se défendre ou se mettre à l'abri de l'ennemi. On y verra, dit M. Alexis Duranson (1), dans la partie de son mémoire concernant Ceyssac, des chambres, des écuries, les unes au-dessus des autres, des cheminées, des armoires, des crèches et des trous au lieu d'anneaux afin d'y passer des liens pour y attacher des animaux. On y verra aussi qu'on a percé le roc afin d'y établir l'église paroissiale (2).

des Roys », page 76. Se reporter au liv. VIII, chap. IV (en note) pour les renseignements concernant le général Pellion et son frère le vice-Amiral.

(1) Duranson, *Mémoire sur la Haute-Loire*, fol. 20, — publié par A. Jacotin (1904).

(2) Voyez chap. Iᵉʳ du liv. V.

P. Jousset, dans sa *Géographie illustrée*, en parlant
des grottes de Ceyssac ouvertes par ses premiers
habitants pendant l'ère celtique, observe qu'elles
font penser à celles de La Roche-Lambert, aux grottes
de Jonas dans le Puy-de-Dôme, à celles du Tarn, du
Celé, du Lot et du Cher (1).

Francisque Mandet, dans son *Histoire du Velay*, —
mentionne Ceyssac parmi les bourgades gauloises et
en signale aussi les curieuses grottes; le chapitre consacré aux habitations gauloises dans l'ancien Velay,
aux grottes de Vals, de la Roche, de Lantriac, etc.,
constitue une étude du plus haut intérêt (2).

## MONUMENT LAPIDAIRE ET VESTIGES
## DE L'ÉPOQUE ROMAINE

Ceyssac, très ancien comme son castel, révèle principalement son antiquité, nous venons de le voir,
par l'existence de ses grottes celtiques; le monument
lapidaire et les divers vestiges de l'époque romaine,
qui ont été découverts à Ceyssac et dont nous allons
parler, attestent aussi que ce lieu remonte aux
époques les plus reculées de l'histoire. Les Romains
firent de Ceyssac un centre important; on y a

---

(1) P. Jousset, *Géographie illustrée*, France, tome I<sup>er</sup>, folio 60. —
Voir aussi P. Joanne : *Diction. géographique de la France*, vol I<sup>er</sup>,
fol. 794.

(2) Francisque Mandet, *Histoire du Velay*, vol. I<sup>er</sup>, chap. III. (antiquités celtiques et gallo-romaines).

découvert, en défonçant un champ, une pierre romaine portant une longue et curieuse inscription ; cette pierre, figure un bas-relief représentant un laboureur tenant d'une main un aiguillon et de l'autre une charrue terminée par une fourche à deux dents, et au-dessus on croit reconnaître un animal qui peut être un lézard, une salamandre ou un crocodile. Le monument est couronné par une larve, symbole de la douleur et de la mort que les anciens plaçaient sur leurs tombeaux. L'inscription se trouve sur une des faces latérales, mais elle est tellement effacée qu'elle n'a pu être déchiffrée. Parmi les lettres reconnaissables qui la composent, dit M. de La Lande, il se trouve à la neuvième ligne une ⅃ contournée, lettre que, d'après l'Encyclopédie, l'empereur Claude, nouveau Cadmus, voulut mériter la gloire d'avoir inventée, mais son usage paraît n'avoir duré que pendant les sept dernières années du règne de ce prince, de telle sorte qu'elle donnerait une date certaine au monument et le ferait remonter de l'an 47 à l'an 54 de notre ère.

M. de La Lande ne voit, dans le laboureur sculpté en bas-relief, qu'un personnage allégorique. Pour lui, le monument aurait été érigé à la mémoire d'un magistrat ou d'un général chef et conducteur d'une colonie, « puisque, dit-il, c'est par les occupations aratoires et par l'action de tracer l'enceinte d'une ville, d'un bourg ou d'un camp qu'on représente ces sortes de personnages dans les bas-reliefs et sur les médailles antiques ».

La pierre tumulaire dont nous nous occupons est

déposée aujourd'hui au Musée du Puy où elle est connue sous la dénomination de grande stèle du laboureur » (1). On a trouvé à Ceyssac un fragment plus fruste encore que celle-ci dans le retour d'un pilastre à droite de la porte de l'ancienne église, au niveau du sol. La pierre est renversée et l'on ne distingue, au milieu de plusieurs lignes effacées, que les deux lettres **M. D.** On remarque aussi à un angle formé par les murs du vieux cimetière un beau fragment de colonne qui sert de piédestal à une croix, ses cannelures convexes sont semblables à celles des fûts déposés au musée du Puy ; le diamètre est seul beaucoup moins grand (2). On a trouvé aussi près du même lieu, des restes de tombeaux formés avec des briques, quelques ossements et des monnaies très épaisses et entièrement méconnaissables (3). Dans quelques maisons du bourg on peut voir encore des débris de pierres antiques (4).

(1) On la voit au Musée du Puy, section gallo-romaine, avec l'indication suivante : « Grand Cippe funéraire offrant à la face antérieure un bas-relief représentant un laboureur et sur une face latérale, une longue inscription très mutilée, provenant de Ceyssac ».

(2) Francisque Mandet, *Histoire du Velay*, antiquités celtiques et gallo-romaines, vol. 1er, chap. vii, pages 370 à 372.

(3) *Mémoire*, de Duranson, déjà cité.

(4) A Senilhac, on trouve aussi des vestiges d'antiquités romaines, voir *Recueil des actes administratifs de la Haute-Loire*. — Monuments historiques, « ceux susceptibles d'être classés » (année 1875, n° 27, page 315).

# CHAPITRE III

Ceyssac antique : La dame paralytique de Ceyssac au iiie siècle ;
ce qu'elle vit sur la montagne d'Anis pendant son sommeil,
sa guérison miraculeuse. Considérations de l'historien
Chabron au sujet de cette dévote dame ; opinion des Bollandistes, d'Odo de Gissey et d'autres savants, quant à la date
de l'édification de l'église Notre-Dame d'Anis par saint Vosy.
— Les Troubadours en Velay au xiiie siècle ; la baronne de
Ceyssac et Agnès de Ceyssac, protectrices des lettres.
— Bertrand de la Séauve —

## LA DAME PARALYTIQUE DE CEYSSAC

Nous ajouterons aux renseignements que nous
avons donnés, dans le chapitre précédent, un récit
fondé sur la tradition velaisienne et qui fait revivre
le souvenir d'une noble et dévote dame vivant à
Ceyssac au iiie siècle de notre ère.

iiie SIÈCLE. — « C'était en l'année 221 après Jésus-
Christ, que vivait au bourg de Ceyssac cette notable et
dévote dame, sortie de la maison de Polignac ; elle
était entrée par mariage dans l'antique et noble maison
de Ceyssac qui, par succession de temps, s'était unie
à celle de Polignac. Nous devons la conservation de
la mémoire de cette bonne dame à l'histoire de l'édification de la très ancienne église de Notre-Dame du
Puy, histoire non seulement insérée au Martyrologe

de cette église, mais peinte en plate peinture au
dedans d'icelle, dans ses murailles et dans les tapis-
series avec l'inscription d'une rythme d'autant plus
rude et grossière qu'elle se trouve de vieille date et
fabrique pour aussi d'autant plus véritable » (1).

Cette dame était retenue depuis longtemps dans
son lit par une cruelle paralysie et une fièvre persistante, elle était si malade que tous les remèdes lui
étaient inutiles. Dans cette triste situation, elle ne
cessait d'invoquer la Sainte Vierge ; or, la mère de
Dieu, d'après la tradition velaisienne, lui apparut
un jour pendant qu'elle dormait et lui fit entendre
que la santé lui serait rendue sur le mont Anis. A son
réveil, la malade se fit transporter sur ladite montagne d'Anis où on la déposa sur une grande dalle
carrée, en forme d'autel, qui se trouvait là, la même
qu'on conserve encore aujourd'hui dans l'église
Cathédrale du Puy sous le nom de « pierre aux
fièvres » (2), et puis bientôt elle s'endormit ; dans son
sommeil elle vit une troupe d'anges et, au milieu d'eux
la Sainte Vierge, rayonnante d'une clarté incompara-
ble, qui lui dit (3) : « Va et nonce à Vousy, l'Evesque,
« ce que tu as veu et lui dy qu'en remède et salut des
« languissants et des pêcheurs, face icy édiffier, en
« mon nom, une maison en laquelle le siège épisco-

(1) Chabron, *Histoire de la Maison de Polignac*, liv. V, chap. II.

(2) La pierre aux fièvres placée sur le parvis de la Cathédrale du
Puy est un bloc brut immense, étranger par sa nature géologique
aux roches du pays et de celles auxquelles les antiquaires recon-
naissent tous les caractères du dolmen (Francisque Mandet, *Histoire
du Velay*, vol. II, folio 71 — (fin d'une note).

(3) Chronique d'Etienne Médicis, *Livre de Podio*, vol. Ier, fol. 22.

« pal soit translaté, ainsy que la bonne dame vefve (1)
« l'avait dit à Georges, ton prédécesseur ». A ces
mots, la vision disparut et la malade se réveilla par-
faitement guérie ; sans tarder un instant, elle s'en alla
trouver saint Vosy, évêque du Velay, et lui raconta
ce qu'elle avait vu sur la montagne d'Anis et ce que
lui avait dit la Sainte Vierge, ainsi que sa miraculeuse guérison.

C'est ce miracle accompli, par l'intervention de la
dévote dame de Ceyssac, qui a déterminé saint Vousy
à faire élever sur la montagne d'Anis le sanctuaire
angélique de Notre-Dame du Puy et à transférer le
siège épiscopal de Velau, vieille ville (Ruessium), en
la nouvelle (Anicium).

L'historien Chabron donnant son sentiment sur
cette bonne dame, s'exprime ainsi : « Les peintres
l'ont représentée en habit de religieuse et le poète l'a
dit de même religieuse de corps et d'âme, je crois
qu'il faut entendre cela métaphoriquement, c'est-
à-dire que cette dame était de bonne et sainte vie,
mais non qu'elle fut religieuse et portât l'habit de
nonnain, il a été permis de tous temps aux peintres
et aux poètes de peindre et de feindre à leur fantai-
sie, mais la vérité du fait résulte que pour lors il ne
se parlait ni de monastère ni de nonnains en ce pays

---

(1) Si l'on en croit les légendes d'une haute antiquité, une pieuse
veuve, née près de Vélaune, convertie par saint Martial, avait eu la
même vision, entendu le même langage et obtenu une guérison sem-
blable, et, en avait averti saint Georges, évêque des Vélaunes. (Petits
Bollandistes, *Vie des Saints*, d'après les Bollandistes, tome III,
p. 643).

et qu'il n'y a point de mémoire ni aucune marque qu'il y ait eu onques aucun monastère ou couvent de religieuses dans le lieu de Ceissac » (1).

Nous ferons observer, à ce sujet, que les Bollandistes (2) s'accordent avec Chabron pour présenter la dame de Ceyssac simplement comme une dévote personne et ne disent pas qu'elle était une religieuse ainsi que le fait par exemple Etienne Médicis (3). Les Bollandistes se rencontrent aussi avec cet historien ainsi qu'avec Odo de Gissey (4) pour placer au début du III<sup>e</sup> siècle, (vers 220 ou 221), l'édification de l'église Notre-Dame d'Anis par l'évêque saint Vosy (5), et le transfèrement du siège épiscopal à Anicium.

Il convient de remarquer, toutefois, que ce point historique a donné lieu à de grandes discussions. Le père Sainte Marthe (6), Lebœuf (7), et dom Vais-

(1) Chabron, *Histoire mauuscrite de la Maison de Polignac*, liv. V, chap. II.

(2) Les Petits Bollandistes, *Vie des Saints* d'après les Bollandistes par Mgr Guérin, 7<sup>e</sup> édition (1876), tome III, p. 643 et tome XVII du même ouvrage p. 585. Voir aussi le tome XIII. Martyrologe, au diocèse du Puy : saint Evode (Vosy, Evosy, Voy) et saint Scrutaire, évêques de ce siège et confesseurs au III<sup>e</sup> siècle.

(3) Etienne Médicis, *Chronique de Podio*.

(4) Odo de Gissey, *Histoire de l'Eglise du Puy*, publiée en 1620, 1627 et 1644.

(5) Saint Vosy fit de Scrutaire qu'il avait ramené de Rome, l'architecte et le constructeur de l'église angélique sur la montagne d'Anis ; le même Scrutaire lui succéda sur le siège épiscopal du Velay (Voir Saint Scrutaire).

(6) *Gallia Christiana*, t. II, p. 689.

(7) *Histoire de l'Académie des Inscriptions*, par Lebœuf.

sette (1), tout en convenant que saint Vosy transporta le siège du Velay au Mont Anis, ne s'accordent ni sur le temps de son épiscopat ni sur celui de la translation ; les deux premiers fixent au vi[e] siècle l'époque de ce transfèrement, tandis que Dom Vaissette la fait rapporter à la fin du viie siècle.

Nous nous bornons à signaler ces contradictions, sans pouvoir formuler une opinion décisive sur une question si controversée et dans laquelle manquent des documents absolument authentiques.


## LA BARONNE DE CEYSSAC ET AGNÈS DE CEYSSAC

### PROTECTRICES DES LETTRES AU XIIIe SIÈCLE


XIIIe SIÈCLE. — En remontant moins loin dans les annales de l'histoire, nous voyons qu'au xiiie siècle, Agnès de Ceyssac s'est associée au mouvement littéraire et poétique, si intéressant à cette époque ; elle assista au Puy en 1265 avec la vicomtesse de Polignac Adélaïde de Traynel, veuve du vicomte Pons V, baron de Ceyssac, et plusieurs autres grandes dames de l'aristocratie du Languedoc et de l'Auvergne, à une cour d'amour (2) où les troubadours modulaient leurs ro-

(1) *Histoire du Languedoc* par dom Vaissette, tome V, add. p. 675.

(2) Françisque Mandet, *Histoire du Velay*, vol. III, page 304 ; — Prouvet, *Histoire du Gévaudan*, vol. II, page 96. — Pons V périt aux Croisades en 1248 (Chabron, *Histoire de la Maison de Polignac* Liv. VII, chap. xiii).

mances pleines de grâce, de douceur et d'harmonie. La cour plénière ou cour d'amour du Puy-Sainte-Marie, *la Cort del Puei Sancta Maria*, avait beaucoup de célébrité au moyen âge, et le Velay a produit une pléiade de ces troubadours si experts dans les jeux de l'imagination poétique, parmi lesquels nous citerons Pons de Capdeuil et Guilhaume de Saint-Didier, preux chevaliers du diocèse du Puy au xII<sup>e</sup> siècle, et au xIII<sup>e</sup>, Austan Dorlhac, natif du Velay, et Pierre Cardinal, originaire de la ville du Puy, poète centenaire surnommé « le Juvénal français du moyen âge ».

Cette influence féminine dans le domaine de la poésie montre que, sous les voûtes massives des châteaux, il existait des raffinements d'esprit et une élévation de sentiments qui surprennent, étant donnée la rudesse extérieure et matérielle des mœurs du moyen âge. Il nous a paru intéressant de faire connaître ici que les nobles dames de Polignac et de Ceyssac appartenaient à cette élite généreuse qui a accordé son appui et ses suffrages aux chevaliers troubadours.

## BERTRAND DE LA SÉAUVE, ORIGINAIRE DE CEYSSAC

XIII<sup>e</sup> ET XIV<sup>e</sup> SIÈCLES. — Autre souvenir du passé : en examinant les documents provenant du Cartulaire des Templiers du Puy (publication de M. A. Chassaing) (1), nous relevons que Bertrand de la Séauve, commandeur du Temple au Puy (dédié à saint Barthélemy), en

---

(1) *Annales de la Société d'Agriculture, Sciences et Arts du Puy*, tome XXXIII, 1876-1877. Cartulaire des Templiers du Puy-en-Velay (publication de A. Chassaing), pages 141, 153, 161 et 163.

1291, et frère chevalier de la maison provinciale de Montpellier en 1307, était originaire de Ceyssac (1). Il avait été reçu dans l'Ordre à Montpellier par Rousselin de Fos, grand prieur de Provence. Dans la hiérarchie de l'Ordre, le Temple de Saint-Barthélemy au Puy occupait un rang supérieur aux autres commanderies. C'était un prieuré, avec son maître ou précepteur, son chapelain, ses frères chevaliers et ses frères servants ou donats. Toutes les commanderies du Velay en relevaient.

La charte XLIV du Cartulaire des Templiers du Puy-en-Velay mentionne qu'à la date du 12 mars 1291 Jean Gagne, vassal du Temple, rendit hommage à religieux et discret homme et seigneur Bertrand de la Séauve, précepteur de la maison militaire du Temple du Puy (2).

Bertrand de la Séauve fut arrêté par ordre du roi Philippe-le-Bel, du 14 septembre 1307 avec six autres Templiers originaires du Velay ou s'y rattachant par divers liens; jugé à l'issue du procès intenté par les commissaires du Pape et du Roi, il fut au nombre des frères chevaliers absous en 1312, en même temps que l'ordre des Templiers était aboli par Clément V (3).

(1) Le procès-verbal de l'interrogatoire subi, le 2 juillet 1310, devant le subdélégué de l'évêque de Nîmes, par Bertrand de la Séauve, relate que ce templier *est natif de Ceyssac, près du Puy* (Procès instruit contre les Templiers par ordre du pape Clément V) page 161 des Annales citées ci-dessus).

(2) *Annales de la Société d'Agriculture, Sciences et Arts du Puy*, tome XXXIII (1876-1877), page 242.

(3) Cet ordre religieux en même temps que militaire avait été fondé en 1118 pour la défense de la Terre-Sainte. Les Templiers existaient au Puy à la fin du XII<sup>e</sup> siècle.

# LIVRE II



## CHAPITRE I<sup>er</sup>
### (XI<sup>e</sup>, XII<sup>e</sup> ET XIII<sup>e</sup> SIÈCLES)

Château-fort, blason et baronnie de Ceyssac ; leur ancienneté.
— L'histoire n'a pas laissé les noms des seigneurs primitifs
de Ceyssac. — Des cadets de cette maison possédaient un
canonicat dans l'église Cathédrale du Puy. — Mariage de
Pons III, vicomte de Polignac, avec la fille héritière des
barons de Ceyssac.

Le château est très ancien ; selon la tradition du
pays son ancienneté remonterait avant la naissance
de Jésus-Christ. Nous avons vu, au livre précédent,
quand nous avons parlé des grottes celtiques existant
à Ceyssac et de la découverte qu'on y a faite d'un
monument et de nombreux vestiges de l'époque romaine, que ce lieu était connu de haute antiquité. La
plupart des châteaux primitifs ont remplacé, on le
sait, presque partout le « castellum » que les Romains
avaient érigé dans les contrées vaincues pour pré-
venir et réprimer les soulèvements.

Le dyke de Ceyssac offrait une position militaire

exceptionnelle, défiant les assaillants à ces époques affreusement troublées où les guerres succédaient les unes aux autres. C'est sur ce cône presque inaccessible, sur cette position toute choisie, dans cette localité dont les Romains avaient fait un centre, que fut construit au moyen âge, probablement sur d'anciennes substructions, le château dont nous n'apercevons plus que des ruines! Il a joué un rôle important dans l'histoire du Velay où il en est fait mention au commencement du xiᵉ siècle. (Castrum quod vocatur Ceyssac, nobiles de Cheissac, xiᵉ siècle, chronique de S. Petri anic.) (1).

Le château de Ceyssac a donné son nom à une famille d'ancienne chevalerie qui, suivant Chabron, avait déjà, au iiiᵉ siècle (2) de notre ère, contracté alliance avec les Polignac. Le blason de Ceyssac était celui de cette famille féodale, nous donnons ses armoiries, d'après cet historien, à la page suivante.

Au moyen âge, époque de violences et d'anarchie qui a vu éclore la féodalité, le château-fort était la condition même de la force. En posséder un grand nombre était la puissance véritable, il en résulta que la possession d'un castrum, castellum, fit naître une seigneurie, une châtellenie. La châtellenie fut anciennement l'unité féodale ; et le grand seigneur, duc ou comte, divisa son domaine en châtellenies, d'après le

<hr>

(1) Liv. Iᵉʳ, chap. ii : « Transformations diverses du nom de Ceyssac », et antiquité de ce lieu.

(2) Chabron, *Histoire manuscrite de la maison de Polignac*, Liv. V, chap. ii.

# BLASON DE CEYSSAC

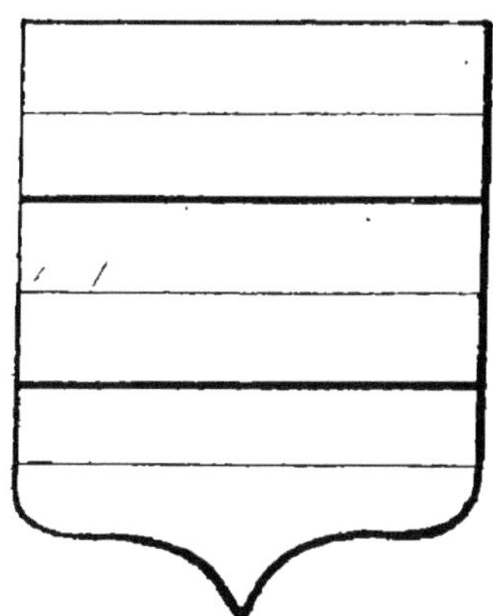

Fascé, de .............. et de............. (émaux inconnus).

(Chabron, *Histoire de la Maison de Polignac*, page 26, et *Histoire de la Vicomté de Polignac*, par Truchard du Molin, page 44, planche XI).

nombre de ses châteaux. C'est dès le xi<sup>e</sup> siècle que certains possesseurs de châteaux forts les plus puissants, reçurent le titre de baron qui désignait l'homme fort (1).

La baronnie de Ceyssac se perd dans les ombres du moyen âge.

XI<sup>e</sup> ET XII<sup>e</sup> SIÈCLES. — Guilhaume de Ceyssac est présent le 6 février 1142 à la confirmation par Humbert d'Albon, évêque du Puy, de la donation de l'abbé de Pébrac, à l'église Saint-Martin de Polignac (2).

Avant Guilhaume de Ceyssac dont l'existence au xii<sup>e</sup> siècle nous est révélée dans l'acte précédent, il existait au début du xi<sup>e</sup> siècle à Ceyssac, des chevaliers, femmes et hommes nobles. Une charte du cartulaire de l'abbaye du Monastier (1031-1053), renferme une donation d'Heldegérius, prévot de l'église du Puy, qui concède au monastère de Saint-Pierre du Monastier, un droit de sépulture sur les maisons placées sous le palais épiscopal et « sur tous les chevaliers et toutes les femmes et hommes nobles défunts de Ceyssac et d'Espaly (3) ».

C'est l'occasion de remarquer combien les Cartulaires des monastères éclairèrent l'histoire. Sans ce recueil de chartes, nous ignorerions presque tout de

(1) Société féodale par Esmein, *Droit français*, pp. 129 et 200.

(2) Voyez Archiv. dép. Haute-Loire, série D, fonds du Collège du Puy, original sur parchemin, 6 février 1142, charte reproduite aux *Preuves de la Maison de Polignac*, vol. 1<sup>er</sup>, fol. 106, document 49. A. Jacotin.

(3) Chronique de Saint-Pierre du Monastier (1031-1053), publié dans le *Cartulaire* de l'abbaye de ce nom, pp. 61, n° ccccxxiii.

la vie économique du peuple, de la géographie des provinces, de leurs révolutions, des faits et gestes des hommes marquants pour la période écoulée du XI<sup>e</sup> au XII<sup>e</sup> siècle.

XIII<sup>e</sup> SIÈCLE. — Durand de Ceyssac, chanoine de Notre-Dame du Puy, figure dans de nombreux actes de dates très anciennes et dont nous n'indiquerons que quelques-uns. En juillet, 1209, il souscrivit, comme témoin, avec son neveu Jordan de Ceyssac, chanoine du même chapitre, à la ratification par Hugues de Polignac, doyen de l'église du Puy, du don fait par Grull Parpoil, clerc de la collégiale de Saint-Agrève, de maisons avec jardins y attenant (1), et, en novembre 1210, il intervint, avec le même Jordan de Ceyssac, dans une donation à l'hôpital de Notre-Dame du Puy par l'évêque Bertrand de Chalencon, le doyen Hugues de Polignac et le chapitre, du monopole de la fabrication des enseignes de pélerinage en étain ou en plomb dans la ville et diocèse du Puy (2).

Pierre de Ceyssac, chevalier, fut arbitre en 1212 et témoin de divers actes en 1221 (3). Bertrand de Ceyssac, chanoine de Notre-Dame du Puy, Durand de Ceyssac, fort doyen du Chapitre, et Pons de Ceyssac, chanoine, intervinrent les deux premiers

---

(1) Archiv. dép. Haute-Loire, G 215 fonds de Saint-Agrève, 1209, original sur parchemin.

(2) Archiv. Hôtel-Dieu du Puy, A. 32, original sur parchemin.

(3) Archiv. dép. Haute-Loire, série H, fonds de Saint-Pierre-du-Monastier, parchemin, reproduit aux *Preuves de la Maison de Polignac* (A. Jacotin), vol. I<sup>er</sup>, fol, 250.

comme mandataires du seigneur évêque et le troisième en qualité de témoin, dans un acte du 22 janvier 1228, au Puy, concernant la vente faite par Étienne de Chalencon, évêque du Puy, à l'Université de Saint-Mayol, moyennant 6,000 sous, monnaie du Puy, de ses droits sur le luminaire de l'église Cathédrale (1). Le 22 septembre 1229, le même Bertrand de Ceyssac était présent à l'hommage rendu par le vicomte de Polignac, Pons V à Étienne de Chalencon, évêque du Puy, pour tous ses châteaux sis dans l'évêché du Puy et leurs mandements et appartenances (2).

Dans l'acte testamentaire de Guillaume de Chapteuil du 25 juin 1223 (3), figurent comme témoins Jourdan et Durand de Ceyssac dont les noms ne sont suivis d'aucune qualification.

Dans un acte de transaction entre l'Université des clercs de l'Église du Puy et le monastère de Saint-Pierre-le-Monastier sur certains anniversaires fondés pour le repos de l'âme des défunts (acte de l'an 1233, calendes de février), on voit, parmi les noms mentionnés, en grand nombre, dans l'obituaire, les suivants : Guilhaume de Ceyssac, Pons de Ceyssac, Jordan de Ceyssac et Pierre de Ceyssac, ainsi que

(1) Archiv. dép. Haute-Loire, G 213, fonds de l'Université de Saint-Mayol (*Tablettes hist. du Velay* (1876-1877), tome VII, n° 4, fol. 363 (publication de l'abbé Payrard).

(2) Archives de l'évêché, hommage scellé du sceau du vicomte (*Preuves de la Maison de Polignac* (A. Jacotin), vol. IV, fol. 105).

(3) Inv. somm. des Archiv. dép. Haute-Loire avant 1790 (A. Jacotin), archiv. eccl. série G, clergé séculier, collégiale de Saint-Vosy, parchemin, p. 197, le 25 juin 1223.

les père et mère du même Jordan. Les chanoines de la Cathédrale Durand et Bertrand de Ceyssac figurent comme témoins dans cette transaction de 1233 (1).

Dans un autre obituaire du Chapitre du Puy, à la date du 20 juillet 1255, on trouve cités : Pons de Ceyssac, dame Bertrande de Ceyssac et Pierre de Ceyssac, chevalier ; Jordan, Durand et Guillaume de Ceyssac, Bertrand de Ceyssac et Bertrande de Ceyssac (2).

Pons de Ceyssac, chevalier, était témoin de la sentence arbitrale d'Armand de Polignac, abbé de Saint-Pierre-la-Tour, réglant un différend relatif à des écluses qui desservaient des moulins appartenant à la Maladrerie de Brives et à Bertrand Monedier (sentence du 19 octobre 1251) (3).

Ces renseignements amplement suffisants pour confirmer l'ancienneté de la baronnie de Ceyssac et de la maison de ce nom dont elles font connaître plusieurs de ses membres à une époque reculée de nos annales, ne révèlent pas les noms des seigneurs primitifs de Ceyssac, prédécesseurs des Polignac ; il

(1) Archiv. dép. Haute-Loire, fonds de Saint-Mayol, parchemin, charte inédite XVIII, 1233, *Tablettes historiques du Velay*, 1er mars 1877, tome VII, n° 4, page 373 (publication de l'abbé Payrard).

(2) Archiv. dép. Haute-Loire, série H, fonds de Saint-Pierre-le-Monastier, parchemin, registre de renouvellement par le Chapitre du Puy de l'ancienne charte des obits communs aux clercs de Notre-Dame et aux religieux de l'abbaye de Saint-Pierre-le-Monastier, avec insertion à la suite des nouveaux obits du même genre fondés depuis l'ancienne Charte (20 juillet 1255).

(3) Archiv. dép. Haute-Loire, série H, fonds de la Maladrerie de Brives (19 octobre 1251).

y a tout lieu de croire qu'il n'existe aucuns vieux documents permettant d'éclairer l'histoire à cet égard, puisque Chabron, l'historien de la Maison de Polignac au début du xvii^e siècle (1), Truchard du Molin et autres chercheurs érudits se sont trouvés dans l'impossibilité de donner les noms des premiers barons de Ceyssac (2).

Les membres de la famille de Ceyssac que nous avons cités ne furent pas tous, c'est un point digne d'attention, des chevaliers à l'humeur belliqueuse; plusieurs d'entre eux inspirés par cette foi vive et ardente qui caractérise l'époque du moyen âge, se dirigèrent vers la carrière ecclésiastique. C'est ainsi que les chanoines Durand, Jordan, Bertrand et Pons de Ceyssac se distinguèrent sous l'aumusse, préférant la vie calme et studieuse du prêtre à celle si agitée et si aventureuse des chevaliers de ces siècles si troublés. Il était d'ailleurs d'usage, dans ces grandes maisons féodales, de consacrer à l'Église les puinés de la famille tandis que les aînés, barons et seigneurs laïques, s'adonnaient au noble métier des

---

(1) Chabron Gaspard, écrivit son *Histoire de la Maison de Polignac*, vers l'an 1600 ; il était alors docteur et avocat en la sénéchaussée et siège présidial d'Auvergne à Riom et juge de la vicomté de Polignac (J.-B. Payrard, *Tablettes hist. du Velay*, tome VII, n° 1, 1^er septembre 1876, fol. 1). Magistrat de la vicomté, historiographe de la maison de Polignac, rédigeant son manuscrit, il y a plus de 300 ans, il eut à sa disposition des documents précieux et put puiser, à pleines mains, dans les archives seigneuriales des Polignac, qui ont disparu depuis, en grande partie, dans la tourmente révolutionnaire.

(2) Voir pages suivantes.

armes et formaient le ban qui combattait en temps
de guerre et se distinguait par un bouillant courage.
Durant tout le moyen âge, bon nombre des canoni-
cats du Chapitre Cathédral du Puy furent presque
héréditairement réservés aux cadets des plus illustres
maisons du Velay, de l'Auvergne, du Forez, du Vivarais et du Gévaudan. Parmi ces grandes familles citées
d'après les Chartes, se trouve celle de Ceyssac (1).

La famille de Ceyssac, de race si antique, était divisée au xiie siècle en deux branches; l'aînée posses-
sionnée de Ceyssac s'éteignit avec deux filles:
1° Guillemette, mariée en 1148, à Guillaume III de
Chateauneuf-Randon, fils de Guillaume et d'Élisabeth
d'Épernon, 2° autre Guillemette qui épousa Pons III,
vicomte de Polignac, vivant de 1142 à 1173, et
apporta, *par la suite*, Ceyssac et ses dépendances à
la vicomté (2).

Voici ce que nous apprend Chabron sur la famille
de la femme de Pons III et l'apport de Ceyssac dans
la maison de Polignac :

« La femme de ce vicomte était issue de l'ancienne
« maison des barons de Ceissac, et, par le moyen
« d'icelle, la baronnie de Ceissac parvint et fut an-
« nexée à la maison de Polignac, non pas lors du
« mariage, ni du vivant de cette femme, mais quel-
« ques temps après, les aînés mâles de cette maison
« étant venus à faillir desquels cette vicomtesse était

---

(1) Ét. Médicis, *Livre de Podio*, vol. II, p. 253 (note d'A. Chassaing).
(2) La Chesnaye des Bois, *Dict. Noblesse*, XI, fol. 238 ; — G. de
Burdin, *Documents sur l'histoire du Gévaudan* (gén. des Chatéau-
neuf de Randon); — Chabron, *Hist. manuscrite de la Maison de
Polignac*, liv. VII, chap. viii.

« descendue, et, si je ne me trompe, en Pierre de
« Ceissac qui avait été marié avec Marguerite de
« Beaumont, fille de Ponce, seigneur et baron de
« Beaumont. Et, ce qui me le fait ainsi induire, c'est
« le contrat de transaction de l'an 1243 par lequel
« les seigneurs de Randon, de Chateauneuf et Guigo
« Meschin, baron du Tournel, quittèrent au vicomte
« de Polignac qui était pour lors, toutes les préten-
« tions qu'ils avaient sur la baronnie de Ceissac à
« cause de Guillaumette de Ceissac, leur aïeule » (1).

Notre historien voudrait donner la généalogie des
anciens seigneurs et barons de Ceyssac, des aînés de
cette maison, ancêtres de la vicomtesse de Polignac,
« mais si la nonchalance des écrivains de ce temps-
« là, dit-il, ne nous a laissé le nom de cette vicom-
« tesse, encore moins ceux de ses ancêtres (et c'est la
« vérité que, sans cette transaction de l'an 1243 qui
« nous a conservé le nom de cette Guillemette de
« Ceissac, mariée en la maison de Chateauneuf de
« Randon et des prétentions que ses héritiers se
« disaient avoir, par son moyen, comme fille de cette
« maison sur la moitié de la baronnie de Ceissac
« contre le vicomte de Polignac qui la jouissait tout
« entière), j'eusse cru que cette baronnie eût été de
« toute ancienneté de la maison de Polignac, et, ce
« qui me confirmait plus en cette créance c'est que
« je n'ay trouvé aucune diversité ni différence aux
« armes de Polignac avec celles de Ceissac » (2).

(1) (2) Chabron : *Histoire de la Maison de Polignac*, liv. VII,
chap. VIII.

# ARMOIRIES DES POLIGNAC

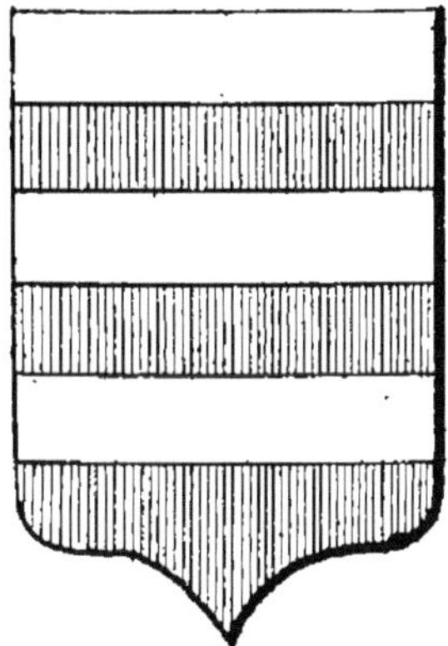

Fascé d'argent et de gueules, de six pièces.

# CHAPITRE II

### (XIII<sup>e</sup> SIÈCLE ET SUITE DU MOYEN AGE).

Baronnié de Ceyssac au milieu du xiiie siècle, son étendue. — Les Vicomtes de Polignac, barons de Ceyssac. — Pons V. — Puinés de Ceyssac. — Noms de plusieurs d'entre eux. — Leurs seigneuries, leurs nobles alliances; tendresse particulière de cette maison pour l'église des Jacobins du Puy.

## LA BARONNIE DE CEYSSAC

XIII<sup>e</sup> SIÈCLE. — La baronnie de Ceyssac est entrée dans la maison de Polignac vers le milieu du xiiie siècle, sans doute quand le vicomte Pons V prit le titre de baron de Ceyssac qui n'avait encore été porté par aucun de ses prédécesseurs (1). Les seigneurs de Ceyssac sont ainsi les aînés de la maison de Polignac, les vicomtes du Velay, par suite du mariage du vicomte Pons III avec l'héritière de cette baronnie, et, en vertu aussi du contrat de 1243 entre le vicomte de Polignac et les seigneurs de Châteauneuf-Randon et Guigo-Meschin.

D'après Chabron, la baronnie de Ceyssac était jadis de grande étendue; indépendamment de ce qu'elle

(1) Chabron, *Histoire de la Maison de Polignac* : Pons V, vicomte de Polignac, baron de Ceyssac qui mourut en Egypte, aux Croisades, en 1248, liv. VII, chap. xiii de ce manuscrit; ses prédécesseurs depuis Pons III ne prirent pas le titre de baron et seigneur de Ceyssac (Liv. III, chap. viii, ix et x).

contenait à l'époque où il écrivait son manuscrit (1), elle comprenait aussi autrefois les terres et mandements suivants : Vernassaux (qui fut annexé à la vicomté de Polignac) (2), le Cheilon et le Charroil, les domaines de Mestrenac et de Chadenac et les villages de Lanthenas et de la Chazotte (ces deux derniers furent baillés, sous réserve de fief aux sieurs de Chateauneuf et du Tournel par le vicomte de Polignac) ; et le Cheilon, le Charroil, Mestrenac et Chadenac, à des puînés de Ceissac dont la ligne masculine finit en des filles mariées aux maisons de Vissac, de la Gorce et de Saint-Marcel en Forez. Cette dernière maison avait réuni toutes ces terres et ne les aliéna qu'à la fin du xvie siècle (3).

« Dans le couvent des Jacobins de la ville du Puy, « écrit Chabron, il y a une chapelle fondée par les « dits puînés de Ceissac et des filles mariées aux « susdites maisons (4), principalement par les sieurs « de Saint-Marcel, du Cheilon et du Charroil qui « avaient élu leurs tombeaux dans ladite chapelle, et, « j'ai vu, — dit-il —, dans les archives de ce couvent « les fondations suivantes faites par ces puînés, la « première de messire Jordan de Ceissac, seigneur du « Charroil, abbé de Saint-Pierre-la-Tour, de l'an « 1300 (5) ».

.... Nous donnons les autres fondations citées par

(1) Vers l'an 1600.
(2) Chabron, *Histoire de la Maison de Polignac*, liv. IV, chap. x.
(3) Voir Chabron, même histoire, liv. VII, chap. viii.
(4) Maisons de Vissac, de la Gorce et de Saint-Marcel.
(5) Chabron, *Histoire de la Maison de Polignac*, liv. VII, chap. viii.

Chabron au cours de l'énumération que nous faisons de plusieurs puînés de Ceyssac.


## PUÎNÉS DE CEYSSAC


XIII<sup>e</sup> SIÈCLE. — En 1266, maître Jourdain de Ceyssac, abbé de Saint-Pierre-la-Tour et chanoine du Puy, rend, entre les mains de l'Evêque du Puy, sa maison « sive forteresse del Charroil » et autre terroir, avec ses appartenances, qu'il tient et reconnaît tenir, en fief, de l'Evêque du Puy et lui rend comme haut seigneur dudit lieu (1).

En 1270, l'Evêque du Puy inféoda à Jourdain de Ceyssac la terre du Charroil (2), dont la supériorité avait été léguée à l'église du Puy par Durand de Ceyssac (janvier 1270).

En 1274, le même Jourdain de Ceyssac est présent à l'hommage rendu par le vicomte de Polignac Armand VI à Guillaume de la Roue, évêque du Puy, pour les châteaux de Polignac, Ceyssac, Recours, Saint-Quentin et la Tour du château de Mercœur (Vieux Chapitre de Notre-Dame du Puy, 11 janvier 1274) (3).

En 1285, maître Jourdain de Ceyssac reconnaît la

---

(1) A. Lascombe, *Rép. gén. des hommages de l'Evéché du Puy*, fol. 170.

(2) Archives de M. de Causans (communication de M. l'abbé Mercier).

(3) A. Lascombe, *Rép. gén. des hommages de l'Evéché du Puy*, p. 348 (Videmus dans un acte de foy et hommage du 22 avril 1307).

suzeraineté de l'Evêque du Puy pour le Charroil (comme en 1266) (1).

XIV<sup>e</sup> SIÈCLE. — Jordan de Ceyssac, abbé de Saint-Pierre-la-Tour et seigneur du Charroil, fonda, le 14 mai 1300, une vicairie dans l'église du Charroil et affecta à cette dotation ses biens meubles et immeubles sis dans le territoire de Vendos (2). En cette même année, il fit une fondation dans l'église des Jacobins du Puy où il avait élu son tombeau, fondation dont il a été parlé précédemment.

François Jourdain de Ceyssac, de l'ordre des Frères Prêcheurs, reconnut, dans l'année 1300, tenir en fief, de Jean de Cuménis, évêque du Puy, la terre et enclos du couvent de Saint-Laurent (3).

La maison de Ceyssac alliée, comme nous avons eu l'occasion de le dire, aux nobles familles de Vissac, de la Gorce et de Saint-Marcel, avait une tendresse particulière pour l'église des Jacobins du Puy où se trouvaient leurs tombeaux.

A l'exemple de Jordan de Ceyssac, dame Marguerite, veuve de noble Bertrand de Ceyssac, seigneur de Mestrenat, faisait une fondation à ladite église des Jacobins, de l'an 1328, et elle mentionnait, dans cet acte, Lambert de Ceyssac son fils et héritier institué (4),

(1) Même référence qu'au nº 5, p. 170.

(2) Inv. som. des archiv. dép. Haute-Loire, antérieures à 1790. Archiv. eccl. série G. Clergé séculier, fonds de l'évêché du Puy, p. 32, par A. Jacotin.

(3) *Rép. gén. des hommages de l'Evêché du Puy* (A. Lascombe), fol. 355.

(4) *Histoire de la Maison de Polignac*, par Chabron, liv. VII, chap. VIII.

qui épousa en 1329, Sybille du Béage, sœur de Pons du Béage et fille de Béraud, co-seigneur du Béage et de défunte Alasie de Benaven (1).

Autre fondation de l'année 1348 (2), dans la même église, par dame Béatrix de la Clause, veuve de noble Durand de Ceyssac, seigneur du Charroil, faisant mention de Béatrix de Ceyssac sa fille et héritière, femme de noble Louis de Vissac (3).

Autre fondation de l'an 1361 faite par ladite Béatrix de Ceyssac laquelle nomme ses enfants Pons, Dalmas, Béatrix, Delphine et aussi Marguerite de Vissac avec une Jordane du Béage, tous ses héritiers par égale portion. Il y en a une autre faite dans la même église, en 1365, par dame Marguerite de Ceyssac, dame du Cheylon, femme de noble Pierre de la Gorce (4), et fille de noble Lambert de Ceyssac et de Sybille du Béage.

Dans la chapelle du couvent des Jacobins (5) où

(1) Archiv. nationales, R. 21, n° 112 ; sous cette même cote on trouve le renseignement suivant : année 1345, Béatrix de Ceissác, veuve de noble et puissant Pons, sieur du Béage et tutrice de leur fille Jourdane ; Jourdane fut mariée à Jean de la Tour d'Auvergne. Les du Béage étaient un rameau des barons de Solignac.

(2) *Hist. de la Maison de Polignac*, par Chabron, liv. VII, chap. viii.

(3) La maison de Vissac, d'ancienne chevalerie, avait pris son nom d'un ancien château à deux lieues de Langeac ; elle est connue depuis le xii⁰ siècle et compte parmi ses membres un chancelier de France en 1338 (Bouillet, *Nobiliaire d'Auvergne*, vol. VII, p. 146.

(4) Gorce (de la), maison d'antique chevalerie, qui tire son nom du lieu de la Gorce, près de Retournac, — connue dès le xiii⁰ siècle — (G. Paul, *Arm. gén. du Velay*, fol. 210).

(5) Chapelle du sieur de Charroil, nommée « Sainte Anne » contenant la sépulture de ces seigneurs (*Preuves de la Maison de Polignac*,

ont été faites ces fondations, on voit, dit Chabron, des inscriptions de quelques dames alliées à la maison de Saint-Marcel et du Charroil, entr'autres Marthe d'Urfé, nommée Marguerite, et une autre de Jeanne de la Gorce dame de Saint-Marcel, qui mourut en 1405, et qui apporta à la maison de Saint-Marcel les terres et seigneuries du Cheilon, du Charroil, de Mestrenat et de Chadenat (1); Jeanne de la Gorce avait bénéficié, lorsqu'elle avait contracté mariage avec noble Persavant-Raibe, chevalier, seigneur de Saint-Marcel en Forez, d'une donation que sa grand'mère Sybille du Béage, veuve de Lambert de Ceyssac, chevalier, lui avait faite de tous ses biens, donation qui fut ratifiée, le 16 août 1384, par celle-ci, dans la salle du fort du Cheilon (2).

M. Charles Rocher, dans le Pouillé du diocèse du Puy (3), parle de la très ancienne baronnie de Ceyssac. Il écrit que la terre de Ceyssac (*autrement dit la baronnie de ce nom*), comprenait autrefois, vers l'an

---

vol. III, fol. 33 (A Jacotin) : extrait du procès-verbal du sac de l'église Saint-Laurent par les Huguenots en 1562 — fonds des Frères Prêcheurs).

(1) Chabron, *Histoire de la Maison de Polignac*, liv. VII, chap. VIII.

(2) Ratification de la donation en faveur Jeanne de la Gorce de par Sybille du Béage, du 16 août 1384 (Archiv. de M. de Vinols, communication de M. l'abbé Mercier).

Castrum de Cheyllo (XIII<sup>e</sup> siècle) *Chron. d'Ét. Médicis*, vol. I, fol. 80 ; — castrum de Chalho (XIV<sup>e</sup> siècle) (Lascombe, *Rép. gén. des hommages de l'Evêché du Puy*, p. 170).

(3) Charles Rocher ; Pouilié du Diocèse du Puy, cure de Ceyssac, publié dans les *Tablettes hist. du Velay*, t. V, n° 1, 1<sup>er</sup> septembre 1874, p. 127.

1263, les terres et domaines indiqués par Chabron (1);
(nous savons, c'est le lieu de le rappeler, que la terre
même de Ceyssac ne fut pas démembrée alors de la
baronnie et qu'elle resta l'apanage des aînés de la
maison de Polignac, les vicomtes du Velay) (2), mais
M. Rocher ajoute que les seigneurs de Ceyssac, à partir
de cette même époque, étaient des puînés de la ligne
masculine de la vicomté de Polignac, et, il range parmi
ces puînés Jordan de Ceyssac, abbé de Saint-Pierre-
la-Tour (1295-1300), ainsi que d'autres cadets de
Ceyssac, en énumérant, d'après Chabron, les fondations faites par eux et leur famille dans l'église des
Jacobins du Puy.

A notre avis, M. Rocher paraît se tromper quand
il avance que les seigneurs du nom de Ceyssac étaient
des puînés de la ligne masculine de la vicomté. Les
difficultés de la syntaxe de l'époque où écrivait Chabron expliquent sans doute cette confusion de sa part.
D'ailleurs le fait de réunir les textes et de les com-
menter, c'est-à-dire d'en exprimer tous les renseignements, est un art fort difficile, car il ne faut jamais
s'exposer à leur faire dire plus qu'ils ne signifient.
Nous avons relu attentivement les textes du manuscrit de notre historien (3) avec M. l'abbé Mercier dont

(1) Vernassaux, le Cheylon, le Charroil (mandements); les domaines de Mestrenac et de Chadenac et les villages de Lanthenas et de
la Chazotte (Chabron, *Histoire de la Maison de Polignac*, liv. VII,
chap. VIII).

(2) Se reporter au début de ce chapitre.

(3) Nous avons étudié l'*Histoire de la Maison de Polignac* de Chabron sur les copies existant à la Société d'Agriculture, Sciences et
Arts du Puy et à la bibliothèque municipale de cette ville.

les études approfondies et les travaux féconds ont contribué à éclairer l'histoire des Polignac, et, tous deux nous en inférons que les puînés de Ceyssac étaient les représentants d'une branche cadette de cette dernière maison.

Au surplus, si les terres et domaines du Cheylon, du Charroil (1), de Mestrenac et de Chadenac avaient été attribués à des Polignac, il semble bien que ceux-ci n'auraient pas consenti à échanger leur grand nom contre un autre moins marquant. Les Polignac n'auraient eu de raison de le faire que s'ils avaient été les seigneurs de la terre même de Ceyssac, ce qui n'était nullement leur cas puisque leurs aînés détenaient cette baronnie qu'ils conservèrent jusqu'à la fin du xvii⁰ siècle.

En compulsant les vieux registres de nos archives ainsi que les documents mentionnés aux *Preuves de la Maison de Polignac* nous avons trouvé un personnage qui nous paraît être un puîné de Ceyssac et digne à ce titre d'être signalé ; nous voulons parler de Guilhaume de Ceyssac, chanoine de Notre-Dame du Puy, qui concourut, en 1310, à l'établissement des règlements pour l'éducation des jeunes clercs du chapitre de la dite église (2).

Deux autres personnages ont attiré notre attention : Faut-il, avec certains érudits, ranger, parmi les

(1) La terre du Cheylon et aussi celle du Charroil avaient appartenues de toute ancienneté à la maison de Ceyssac (Chabron).

(2) Arch. dép. de la Haute-Loire, G. C. Protocole de Jean de Peyre, acte du 30 mai 1325, reproduit aux *Preuves de la Maison de Polignac*, vol. Iᵉʳ, fol. 397, par A. Jacotin.

puînés, les dignitaires dont nous parlons ci-après?
Pour notre part, cette classification nous paraîtrait
douteuse et difficilement conciliable avec les dates
que l'historien Chabron assigne implicitement à
l'extinction des puînés de Ceyssac.

1° Guilhaume de Cezac, Chabiscol mage et vicaire
« en ceste partie de Monseigneur l'évesque du Puy,
comte de Vellay » envoyé aux États généraux du
Languedoc pour représenter l'église, le 28 septembre
1484 (1).

2° Jehan de Cezac (ou de Cesac), chanoine trésorier
de l'église du Puy, un des vingt-cinq membres du
Chapitre de Notre-Dame qui, le 7 décembre 1485,
élirent évêque du Puy Pierre de Chalencon fils du
vicomte de Polignac (2) (Jehan de Cezac assista
comme capiscol mage aux Etats particuliers du Velay
tenus à Yssengeaux en 1494) (3).

(1) Archiv. dép. de la Haute-Loire, série C. original : Etat détaillé
des frais de l'assiette ou rôle des tailles du Diocèse du Puy, 28 septembre 1484.

(2) Voyez : *Preuves de la Maison de Polignac* (A. Jacotin), vol. II,
fol. 302, 336 et 339 à 346 (Procès-verbal de l'élection de Pierre de
Chalencon à l'évêché du Puy), Charles VIII et le Pape refusèrent de
confirmer l'élection de Pierre de Chalencon et disposèrent de l'évêché
du Puy en faveur de Godefroy de Pompadour, grand aumônier de
France (F. Mandet, *Histoire du Velay*, vol. II, fol. 275).

(3) Arnaud : *Histoire du Velay*, vol. Ier, p. 275.

# CHAPITRE III

### (MOYEN AGE).

Démêlés des vicomtes de Polignac avec les évêques du Puy
pour la possession du château de Ceyssac. — Suzeraineté
des Évêques. — Nouveaux démêlés entre les évêques et les
vicomtes. — Etienne de Villaret, baile de Polignac et de
Ceyssac. — Guerre féodale et de famille au sujet de l'entière
possession du château de Ceyssac. — Paix et mariage du
vicomte Armand VI, baron de Ceyssac. — Le vicomte Guillaume Armand VII lui succède à Ceyssac. — Polie de Poitiers ét Jean de Polignac-Randon. — Décès de Guillaume
Armand VII, son dernier testament. — Raymond de Roquefeuil. — Polie de Poitiers après le décès de son mari.

Pendant tout le moyen âge, le château de Ceyssac
appartint aux Polignac et son histoire se trouve
intimement liée à celle de la formidable forteresse de
ces puissants seigneurs. Toutefois, sa possession fut
pour eux l'occasion au XIIe siècle de graves démêlés
avec les évêques du Puy, et, dans le siècle suivant,
d'une lutte à main armée avec le baron du Tournel.

En 1171, dans le traité intervenu entre le vicomte
de Polignac et Pierre IV, évêque du Puy, ce dernier
se fit remettre le castel qu'il rendit en fief au vicomte
en 1173 à la suite d'un accord sanctionné par le Roi
Louis-le-Jeune (Charte de Fontainebleau à la date
de 1173 (1).

(1) Arnaud, *Histoire du Velay*, vol. I p. 31 et 32 ; — Francisque
Mandet, *Histoire du Velay* ; t. III, fol. 179 et 183.

Pons IV, vicomte de Polignac prêta foy et hommage en 1213 à Bertrand de Chalencon, évêque du Puy, hommage qui avait été déjà rendu aux évêques, en 1154, par le vicomte Pons III pour les châteaux de Ceyssac et de Saint-Quentin. En 1229, un nouvel accord entre Pons V, vicomte de Polignac et l'évêque Etienne de Chalencon régla le différend qui s'était élevé au sujet des châteaux de Ceyssac et de Saint-Paulien (1).

En 1267, une bulle de Clément IV déclara que le château de Ceyssac relevait de la suzeraineté des évêques du Puy (2).

Les évêques vécurent en bonne intelligence avec les vicomtes du Velay jusqu'en 1272, mais au mois de novembre de cette année, nous relevons au registre plumitif d'audience de la Cour de l'évêque du Puy, que le vicomte Armand V (3) fut cité par l'évêque Guillaume de la Roue devant la cour temporelle à l'occasion de graves excès commis par ses gens, violences nombreuses ayant été jusqu'à l'assassinat d'un sujet de l'évêque entre le château de Ceyssac et Espaly. Le vicomte fit itérativement défaut à la cita-

(1) Archives de l'évêché du Puy : 5 août 1213 et 22 septembre 1229 et Compositions de l'évêché du Puy (3ᵉ livre) 1229 ; — *Répertoire général des hommages de l'évêché du Puy*, par A. Lascombe, p. 348.

(2) *Chronique d'Etienne Médicis* publiée par A. Chassaing, vol. I, folio 80.

(3) Armand V, fils du vicomte Pons V ; il portait le titre de baron de Ceyssac, (liv. VIII, chap. 1ᵉʳ de l'*Histoire de la Maison de Polignac*, par Chabron).

(*Note*) Pour la dénomination des vicomtes de Polignac, nous suivons celle donnée aux *Preuves de la Maison de Polignac* (A. Jacotin).

tion qui avait été signifiée à son représentant (1), noble Etienne de Villaret, baile de Polignac et de Ceyssac (2). Tout finit cependant par s'apaiser, et les vicomtes Armand VI et Armand VII rendirent hommage aux évêques pour leurs châteaux de Polignac, de Ceyssac et des divers autres sis dans le diocèse du Puy, notamment en 1273, 1307, 1311 et 1320, ce dernier acte daté de la chambre du vicomte au château de Ceyssac et de celle de l'évêque au château d'Espaly, 19 avril 1320.

Les successeurs et héritiers d'Armand VII continuèrent à reconnaître la suzeraineté des évêques, ils leur rendirent hommage pour les mêmes châteaux en 1344 et 1383 ainsi que dans la suite (3).

(1) Articuli de Videcomite Podempniaci, Archiv. dép. de la Haute-Loire, Série G, novembre 1272, publication de l'abbé Payrard. *Tablettes Hist. du Velay*, t. VI, n° 5 et 6, 1er mai et 1er juillet 1876, p. 522, et, *Preuves de la Maison de Polignac* (A. Jacotin), vol. I, fol. 171.

(2) Etienne de Villaret appartenait à une noble famille alliée avant 1339 à l'antique maison de Ceyssac. Le testament de noble Marguerite de Villaret du 24 octobre 1339 mentionne Lambert de Ceyssac, son cousin, et l'institue éventuellement, par substitution, son héritier universel (Voyez *Inv. som. des Archiv. dép. de la Haute-Loire* avant 1790, arch. eccl., Série G, clergé séculier, évêché du Puy, p. 9, 24 octobre 1339) par A. Jacotin.

(3) *Rép. gén. des hommages de l'évêché du Puy*, par A. Lascombe, p. 348 et suiv. (Vicomté de Polignac).

L'hommage du vicomte Armand VII (1320) est relaté aux *Preuves de la Maison de Polignac*, charte 185, vol. I, fol. 372 ; il comprend le château de Ceyssac.

Armand VII, comme Armand VI, portait le titre de baron de Ceyssac (Chabron, *Hist. manuscrite de la Maison de Polignac*, liv. VIII, chap. IV et VIII).

La possession du château de Ceyssac amena, au cours de l'année 1243 une seconde guerre entre Pons V, vicomte de Polignac, et Odilon Guérin de Chateaunneuf-Randon, baron de Tournel, qui s'en prétendait propriétaire *de moitié* comme héritier de Guillemette de Ceyssac, son aïeule; Bernard de Montaigu, évêque du Puy, et Armand de Peyre, prévôt de Notre-Dame, apaisèrent cette querelle qui fut définitivement terminée en 1277 par le mariage de Marquèze de Châteauneuf-Randon, dame de Luc, fille de Guillaume baron de Randon, avec le vicomte Armand VI, baron de Ceyssac (1).

Le château de Ceyssac souffrit beaucoup pendant l'interminable guerre contre les Anglais et plus tard durant la Ligue, ainsi que nous le raconterons plus loin.

Guillaume Armand VII, vicomte de Polignac, et baron de Ceyssac, eut un fils Armandonnet de son premier mariage avec Catherine de Bouzols, la dernière héritière de cet antique et opulente maison. Armandonnet marié à Armande Flotte de Revel, fille de Guillaume, chancelier de France, et d'Alix de Chatillon, mourut sans postérité en 1331 ou 1332. Le vicomte Armand, ayant perdu Catherine de Bouzols vers la même époque, se remaria après 1332, avec Polie de Poitiers, fille d'Aimar V, comte de Valentinois et de Sibylle de Beaux. Cette belle veuve

(1) *Histoire du Velay*, par Arnaud, t. I, p. 171 et 172. En 1334, à la mort de Marquèze, les barons de Randon et du Randonnet s'éteignirent dans les de Polignac dont les cadets prirent, en souvenir de cette alliance, les prénoms de Randon et Randonnet.

de Reynaud IV, comte de Dammartin, aimait les fêtes
et les intrigues et poussait aux prodigalités, elle
coûta cher au vicomte. De son côté, Armand était un
seigneur magnifique; soit à la guerre, soit chez lui,
il aimait à se faire honneur de son opulence. « Les
princes les plus grands de France, les ducs de Bour-
gogne, les comtes de Rodez, de Joigny, les Dauphins
d'Auvergne, les de Montlaur, ses parents ou ses
amis le visitaient fréquemment, et il les recevait non
pas seulement au château de Polignac, mais dans ses
autres châteaux de *Ceyssac*, de la Mothe, de la Voulte,
de Bouzols et de Moulin-Neuf, comme il se voit aux
comptes des argentiers de ce temps-là, en faisant
mention de l'arrivée de ces princes et seigneurs dans
ces résidences et châteaux » (1).

Très épris de sa seconde femme à laquelle il ne
savait rien refuser, il lui avait donné en 1337 (2), les
baronnies de Ceyssac et de Saint-Paulien. Il y avait
alors, auprès du vicomte, certain Guigon de Saint-
Germain, docteur ès-lois, son conseiller préféré qui
s'employait à faire accorder à la vicomtesse tout ce
qu'elle désirait, aussi au décès d'Armand VII, l'on
trouve qu'il avait fait tant de largesses, avantages et
donations à cette deuxième femme, qu'elle sevra la
maison de Polignac de plusieurs belles seigneuries
et terres et qu'avec cela, il fallut encore lui accorder,

(1) Chabron, *Histoire de la Maison de Polignac,* liv. VIII,
chap. viii; Truchard du Molin, *Histoire de la Vicomté de Polignac,*
p. 66.

(2) A. Duchesne, *Histoire générale des Comtes de Valentinois et de
Diois,* (Preuves). p. 40, — 13 juillet 1337.

sa vie durant, l'usufruit des baronnies de Ceyssac et de Saint-Paulien et de tout le pays de Lavalamblavès.

En la même année 1337, le vicomte Armand, se voyant sans enfants et n'avant plus l'espoir d'en avoir, avait désigné pour son héritier son neveu Jean de Polignac, dit Randon, fils unique de son frère puîné Guillaume de Polignac, baron de Randon, (acte souscrit dans la ville d'Alez, 1337). Il avait ainsi déshérité son frère Guillaume (qui était le plus proche à lui succéder) à cause de son mauvais gouvernement et de ses dissipations, et lui avait paru impossible de remettre entre ses mains sa succession qu'il eût aussi mal ménagé que celle de son aïeul maternel (1).

Polie de Poitiers n'avait pas été étrangère à la donation, que le vicomte avait faite, en 1337 de tous ses biens à son neveu, et cette fois son ascendant sur son mari s'était exercé très utilement. Toute naturelle était d'ailleurs cette intervention en faveur de Jean de Polignac dont la mère Béatrix de Beaux était la propre sœur de Sybille, la mère de Polie de Poitiers (2).

Jean de Polignac, fut blessé lors de la défense de Saint-Omer où les Flamands, alliés des Anglais, furent taillés en pièces le 20 juillet 1340. Malgré ses

(1) Chabron, *Histoire manuscrite de la Maison de Polignac*. Liv. VIII, chap. viii et ix ; — Voir *Preuves de la maison de Polignac* (A. Jacotin), vol. I<sup>er</sup>, p. 79 pour la donation de 1337 à Jean de Polignac-Randon (donation comprenant les châteaux de Polignac, Ceyssac et Saint-Paulien — Documents 33 — LX. c 90 — (1337).

(2) Truchard du Molin, *Histoire de la Vicomté de Polignac*, p. 67.

blessures, Jean continua la campagne et ne vint mourir qu'à Paris en 1341, après le traité qui suivit le siège de Tournai.

Le 9 janvier 1343, Armand VII institua par son testament (1), héritier universel, son petit neveu Randonnet, fils aîné de Jean de Polignac et de Marguerite de Roquefeuil ; il mourut dans le cours de la même année. Guillaume de Polignac, baron de Randon, ne mourut qu'en 1351 survivant ainsi à son fils Jean et à son frère aîné. Au décès d'Armand VII, les fils de Jean de Polignac furent placés sous la tutelle de Raymond de Roquefeuil, leur aïeul maternel, à l'exclusion de Guillaume de Randon auquel on ne pouvait pas confier le soin de liquider et d'administrer cette grande succession.

Quand à Polie de Poitiers, elle jouit peu de temps des seigneuries de Ceyssac et de Saint-Paulien. Les Polignac rentrèrent en 1343 dans la possession de ces deux fiefs, qui étaient depuis si longtemps dans leur maison, en donnant en échange à la maison de Poitiers, les seigneuries de Bouzols et de Servissas. En sa qualité de tuteur d'Armand de Randon, vicomte de Polignac, et des autres enfants de Jean de Randon-Polignac, Armand de Roquefeuil, chevalier, ratifia cet échange le 6 mars 1348 (2).

---

(1) Testament du 9 janvier 1343 — maison des Frères Prêcheurs du Puy : archiv. dép. Haute-Loire, série H, fonds des Frères Prêcheurs.

(2) Echange antérieurement convenu entre le procureur de Polie de Poitiers et autre de Roquefeuil (père de celui qui ratifia en 1348) tuteur lui aussi des enfants de Randon. En ratifiant, Armand de

Polie de Poitiers qui testa, en 1346, était morte
en 1347, laissant sa fortune à son neveu Adhémar
de Poitiers, comte de Valentinois et de Dyon-
nois (1).

Roquefeuil s'engagea à faire confirmer cette transaction par son pu-
pille lorsqu'il serait d'âge. (Voir archiv. nationales, R.-21, n° 112
(Ratification du 6 mars 1348, 1349 n. st).

(1) *Inventaire des titres de la Maison de Polignac. Tablettes historiques du Velay*, 1ᵉʳ septembre 1876, t. VII, n° 1, fol. 20, relatant qu'en
1347, Adhémar de Poitiers était l'héritier de Polie de Poitiers, Dame
de Bouzols. — De Courcelles, *Histoire gén. et hérald. des Pairs
de France*, notice : « Premiers Vicomtes de Polignac », indiquant
que Polie de Poitiers testa en 1346.

# CHAPITRE IV



Pierre Bernard, « seigneur de Ceyssac », ses parents, sa noblesse — Famille Clary, alias Clari, Claris de noble maison. —
Ceyssac et ses barons au temps de la Guerre de Cent ans ; il
est saccagé et ruiné par les routiers anglais. — Exploits de
Randonnet et de Randon. — Testament de Randon-Armand X ; en ce vicomte finit la 1<sup>re</sup> race des Polignac.

En 1347, dans un acte du 6 octobre provenant des
Archives ecclésiastiques (Evêché du Puy), noble
Pierre Bernard est désigné « seigneur de Ceyssac », et
il est fait mention de son frère Pons qui avait épousé
Valérie, fille de Pierre Motet de Saint-Christophe (1),
chevalier. Pierre Bernard avait un autre frère Hébrard
marié à Alasie du Moulin (1344) (2).

Le répertoire général des hommages de l'évêché

(1) Motet ou Motez, seigneurs de Saint-Christophe-sur-Dolaizon, fa-
mille d'antique chevalerie. En 1322, une autre fille de cette maison,
Savine Motet de Saint-Christophe était veuve de Pons Clari de Ceys-
sac, Damoiseau (*Inv. somm. archiv. dép. Haute-Loire* avant 1790, par
A. Jacotin, archiv. eccl., Série G, clergé séculier, collégiale de Sainte-
Agrève du Puy, p. 159.

(2) Même source de renseignements qu'au n° 1 ci-dessus, Evêché
du Puy : Pierre Bernard, fol. 8, 9 et 11 ; Pons Bernard, frère de Pierre
Bernard, fol. 9 et 11 : acte du 6 octobre 1347 et actes des 26 février
1344 et 6 octobre 1346 ; Hébrard Bernard, autre frère de Pierre
Bernard, fol. 8 ; acte du 26 février 1344.

du Puy d'A. Lascombe (1), révèle que la famille Bernard de Ceyssac rendit hommage, pendant tout le cours du xiv<sup>e</sup> siècle, aux évêques du Puy pour les fiefs francs qu'elle possédait à *Talode*, près de Saint-Christophe-sur-Dolaison. Voici ces hommages : 1309 par noble Pons Bernard de Ceyssac ; 1310 et 1319 par noble Hébrard Bernard de Ceyssac ; 1328 par Hébrard Bernard de Ceyssac, damoiseau ; 1343 par Pierre Bernard, damoiseau ; — 1383, 1389 et 1395 par noble Jean Bernard de Ceyssac.

La noblesse de cette maison ramonte au xiii<sup>e</sup> siècle, elle est citée en 1273 avec Raymond de Bernard, chevalier, que peut être regardé comme la tige de diverses branches de son nom établies en Auvergne et en Velay; il transigea, en 1292, avec Guérin Grimoard, damoiseau d'Aynac, (Laîné, archives nobiliaires).

Ce chevalier comptait parmi ses descendants cinq chanoines-comtes Brioude, dont quatre de 1291 à 1367 et un autre Jean de Bernard en 1565. On trouve encore dans la descendance de ce seigneur, Hélène de Bernard mariée le 27 août 1357, avec Bertrand de Lespinasse, chevalier, fils de Bompard de Lespinasse, chevalier, et d'Agnès de Léautoing et plus tard Louis de Bernard, seigneur de Vinzelles, près Maringues, allié, en 1520, à Anne de Motier de Champetières.

La famille de Bernard de Talode et de Ceyssac a été maintenue dans sa noblesse d'extraction, le 8 août

_______

(1) P. 415 du *Rép. gén. des hommages de l'Evêché du Puy*, de Talode, par A. Lascombe.

1667, par jugement de M. de Fortia, Intendant d'Auvergne, et de nouveau, le 22 février 1774, par un arrêt de la Cour des Aydes de Montpellier (1).

Nous aurons l'occasion de revenir sur ces deux jugements quand nous parlerons d'autres membres de cette maison qui s'intitulèrent aussi seigneurs de Ceyssac.

Nous n'avons pas trouvé de titres conférant aux Bernard des droits seigneuriaux sur le mandement de Ceyssac, mais nous pensons qu'ils se qualifiaient seigneurs à cause de certains cens qu'ils devaient posséder sur ce mandement et qu'ils jouissaient, dans la circonstance, d'un titre honorifique qui leur avait été concédé par les Polignac pour reconnaître leurs services. La famille Bernard jouissait de toute la confiance des Vicomtes de Polignac; nous verrons qu'au cours du xvıᵉ siècle, deux de ses membres furent pourvus du commandement du château de Ceyssac (2). Nous ferons remarquer qu'au xıvᵉ siècle, les Polignac détenaient le château-fort, la baronnie et la haute justice, qu'ils étaient en possession du fief dominant et, par conséquent, les hauts seigneurs féodaux du lieu (3), Depuis Pons V, les vicomtes

(1) De Courcelles : *Hist. gén. et hérald. des Pairs de France et des principales familles du Royaume*, VIIIᵉ vol. « de Bernard de Talode; — Bouillet, *Nobiliaire d'Auvergne*, t. Iᵉʳ, p. 209 et 210; — Lainé, *Archives nobiliaires*, vol. IV et VII. — Se reporter au chapitre suivant (chap. v du Liv. II de notre ouvrage).

(2) Voir même Livre, chap. vı; Godefroi et Christophe Bernard de Talode.

(3) Les donations du château et de la seigneurie de Ceyssac par le vicomte Armand VII à son neveu Jean de Polignac-Randon et à

possédaient l'entière terre de Ceyssac qu'ils transmirent à leur postérité ; à partir de cette même époque, ils se qualifient barons de Ceyssac comme le firent leurs descendants et successeurs à la vicomté. Cette baronnie n'a cessé d'appartenir à la maison de Polignac qu'à la fin du XVII⁰ siècle lorsque le vicomte Gaspard Armand XX la céda à Michel Chambon de Chadenac (1).

## FAMILLE CLARY DE NOBLE MAISON A CEYSSAC

Nous trouvons au XIV⁰ siècle, en même temps que les Bernard, une famille noble dont l'existence à Ceyssac est révélée dès le XIII⁰ siècle par les archives de la Collégiale de Saint-Agrève du Puy et celles de la baronnie de Solignac. Pons Clary de Ceyssac rend hommage au baron de Solignac (1261-1262), pour tout ce qu'il tient à Sentenac (2). Autre noble Pons Clari de Ceyssac qui était décédé avant 1322 d'après

Polie de Poitiers, vicomtesse de Polignac (qui en jouit si peu de temps) (chapitre III de ce livre), démontre que la maison de Polignac possédait ce fief, baronnie considérée comme une annexe de la vicomté.

(1) Chabron, *Histoire manuscrite de la Maison de Polignac*, du Liv. VII, chap. XIII jusqu'au dernier livre du manuscrit. — *Preuves de la Maison de Polignac*, publiées par A. Jacotin : Louis-Armand XVII, vol. III, fol. 89 et 90 ; Gaspard Armand XVIII, vol. III, fol. 153, et IV fol. 446 ; Louis Armand XIX vol. III, fol. 319 ; Gaspard Armand XX, jusqu'en 1693, vol. III fol. 341 et 343, et 347 pour la ratification de la vente de la baronnie de Ceyssac (cession du 7 février 1693 et ratification par le Vicomte, en date du 15 mai 1694).

(2) *Inventaire des archives de la seigneurie de Solignac*, Terriers et hommages (Archiv. dép. Hte-Loire).

un extrait du testament de sa veuve Savine, fille de
Pons Motet, damoiseau, concernant un legs fait par
elle à la Collégiale de Saint-Agrève pour la célébra-
tion de messes annuelles de reqùiem (acte du 21 septembre 1322 (1). Dominic Claris de Ceyssac, écuyer
rendit hommage, en 1320, au baron de Solignac (2),
pour tout ce qu'il avait à Solignac, Cussac, Colompde,
au terroir de Las fonds, lieu de Doleson et sur le
mandement du dit Solignac. Noble Armand Clari de
Ceyssac, damoiseau, par une clause de son testament
du 24 août 1348, fonda une vicairie dans l'église de
Saint-Agrève (avec une rente annuelle) et en fit don
à Vital Blanc, dit Sabatier, de Sanssac (3).

Catherine Clarie de Ceyssac reconnut tenir du seigneur de Solignac ce qu'elle avait à Cussac, Col-
landes, Malpas, Melussac, Eycenac et au terroir de
Las Fonds, lieu de Doleson (1357-1368) (4).

Cette famille paraît tirer son nom de la metterie ou
domaine de Clary (5) près de Ceyssac. Nous ne con-
naissons pas les alliances qu'elle a contractées, en

(1) *Inv. somm. des archiv. dép. Haute-Loire*, avant 1790, archiv.
eccl. série G. Clergé séculier, Collégiale de Saint-Agrève du Puy.
p. 159 (A. Jacotin). — Voir au début de ce chap. ; (*en note*), pour
Motet, seigneurs de Saint-Christophe-sur-Dolaizon.

(2) *Inventaire des archiv. de la seigneurie de Solignac.* — Terriers
et hommages — fol. 5 de l'Inventaire — (Archiv. dép. Haute-Loire).

(3) *Inv. som. des archiv. dép. Haute-Loire*, avant 1790, archiv. eccl.,
Série G. Clergé séculier, Collégiale de Saint-Agrève du Puy, p. 160
(A. Jacotin).

(4). *Inv. des archives de la seigneurie de Solignac* ; Terriers et
hommages de cette baronnie et de ses dépendances et ressorts, feuil-
lets XXIX.

(5) Clary, domaine, metterie ; chap. 1 du Liv. V.

dehors de celle de Pons Clari avec Savine Motet, de la maison des seigneurs de Saint-Christophe-sur-Dolaison (avant 1322) (1).

## CEYSSAC PENDANT LA GUERRE DE CENT ANS
### SES BARONS

L'histoire du Velay est aussi mouvementée pendant la guerre de Cent ans contre les Anglais que le sol tourmenté qui lui a servi de théâtre. En 1382, la province du Velay connut les calamités de l'invasion, car les Anglais établis sur les hauts plateaux de la haute Auvergne firent des descentes jusqu'au Puy. La guerre sévit durement partout, mais principalement dans les campagnes ; plusieurs mandements furent livrés à feu et à sang. Dans chaque hameau, les bandes anglaises emmenaient les enfants à titre d'otages et ne les délivraient que sous de fortes rançons.

Ceyssac fut au nombre des bourgs et villages qui subirent les plus effroyables ravages, il fut détruit par les routiers anglais et ne se releva que peu à peu de ses ruines, grâce à l'intervention des États du Velay qui le déchargèrent de tout impôt et lui accordèrent même une indemnité (2).

Le baron de Ceyssac était à cette époque Randon-

_________

(1) Déjà cité au commencement de ce chapitre.

(2) *Chronique de Médicis*, vol. II, fol. 308 et *Inventaire des États du Velay* du 18 novembre 1382, Arch. dép. Haute-Loire, série C, reg. du XVI<sup>e</sup> siècle 27 × 20.

net Armand IX, dit le Grand, vicomte de Polignac (1), qui déjà en 1365 s'était avec son frère Randon, couvert de gloire en haut Vivarais en taillant en pièces, à la tête de la noblesse vellave, les grandes Compagnies conduites par Louis Raimbaut, l'un des principaux capitaines des routiers anglais. Toujours sur la brèche, le vicomte et son frère commandaient, en 1382, les contingents du Velay et se distinguèrent de nouveau par leur vaillance et leur intrépidité dans les combats; ils ajoutèrent au prestige que leur assurait leur blason l'éclat de leurs prouesses, en travaillant à délivrer la France et la province du joug étranger. Randon Armand X qui succéda, le 15 juin 1385, à son frère Randonnet, à la vicomté de Polignac et à Ceyssac, portait, dans sa jeunesse, le titre de baron de Salzuit, et son bouillant courage contre les Anglais et leurs alliés lui avaient valu alors le surnom de « taureau de Salzuit ». Lorsque, dans la campagne, au galop d'un cheval sous lequel tremblait le sol, ou sur la brèche d'une place escaladée, il courait sus aux Anglais, brandissant sa lourde épée ou sa hache d'armes, « Gare, gare! criaient-ils en s'enfuyant, voilà le taureau de Salzuit » (2).

(1) C'est sous le vicomtat de Randonnet-Armand IX que fut rendu, le 23 juin 1372, un arrêt du Parlement de Paris touchant la succession litigieuse de Guillaume dit Armand VII, vicomte de Polignac; cet arrêt dispose que cette succession reste dévolue aux descendants de son frère Guillaume de Polignac-Randon, à l'exclusion des seigneurs de Bréon demandeurs. C. A. Du Chesne, *Hist. générale des comtes de Valentinois et de Diois, Preuves*, p. 43.

(2) *Histoire de la vicomté de Polignac*, par Truchard du Molin, p. 88; — *Histoire de la Maison de Polignac*, par Chabron, Liv. VIII, ch. xv.

Associé à tous les exploits de son frère, il fut, comme lui, un des fidèles compagnons d'armes du connétable Bertrand du Guesclin. Le 4 février 1418, il fut nommé Capitaine et Lieutenant général des pays du Velay, Gévaudan, Vivarais et Valentinois (1), et, en 1419, bien que déjà vieux et sur la fin d'une longue carrière, il prit une part active à la guerre du Velay, lors des nouvelles hostilités contre les Anglais et les Bourguignons, ces autres Anglais de l'intérieur. Randon Armand X mourut, en 1421, après avoir disposé, plusieurs années après la mort de son fils, — en 1416 — de la vicomté de Polignac et « de ses dépendances en faveur de son petit-fils Armand de Montlaur (2), mais son testament détruisait celui par lequel Randonnet Armand IX avait, en 1381, institué son héritier son frère Randon, lui substituant graduellement : « 1° Randon, son neveu, fils de celui-ci; « 2° Pierre de Chalencon, son autre neveu, fils de « Guillaume, baron de Chalencon et de sa sœur Val- « purge de Polignac (3) ». Il s'ensuivit qu'au lendemain du décès d'Armand X, Pierre de Chalencon le second substitué, intenta une action judiciaire pour disputer cette riche succession à Armand de Montlaur. En Armand X s'éteignit la première race des Polignac.

(1) Chabron, *Hist. de la Maison de Polignac*, Liv. VIII, chap. xix.

(2) Chabron, même histoire, Liv. X, chap. 1ᵉʳ ; — Arch. dép. Haute-Loire, série H, fonds des Carmes du Puy, 31 juillet 1416 ; testament de Randon-Armand X, vicomte de Polignac.

(3) Chabron, *Hist. de la Maison de Polignac*, Liv. VIII, chap. xiv (testament de Randonnet, dit le grand Armand IX, vicomte de Polignac en 1381).

# CHAPITRE V



Pierre de Chalencon commence la deuxième race des vicomtés de Polignac. — Louis de Chalencon, vicomte de Polignac; valeureux capitaine de Charles VII. — Son fils aîné, le vicomte Guillaume-Armand XIII, lui succède à Ceyssac. — Fin du grand procès entre les maisons de Polignac et de Montlaur. — Guyot de Bernard, « seigneur de Ceyssac », fils de Jacques désigné aussi seigneur de ce lieu (Gén. de Courcelles). — Claude de Villaret, capitaine de Ceyssac. — Les vicomtes Claude-Armand XIV et Guillaume-Armand XV, barons de Ceyssac. — Marguerite de Pompadour. — François Armand XVI. — Godefroi de Bernard, capitaine de Ceyssac.

Pierre de Chalencon, fils aîné de Guillaume III, baron de Chalencon, et de Valpurge de Polignac, devint vicomte de Polignac en vertu de la substitution faite, en sa faveur, en 1381, par son oncle le grand Armand et à la suite du décès de son autre oncle Randon-Armand X mort sans enfants mâles au mois d'avril 1421. Ce seigneur, suivant les charges de cette substitution, prit aussitôt le nom d'Armand et les armes pures des Polignac, malgré l'opposition juridique des seigneurs de Montlaur. Pierre Armand obtint, par arrêts de 1431 et 1435 rendus par le parlement de Poitiers, la dévolution, à son profit, des biens de la Vicomté de Polignac et de ses dépendances; pourtant, il ne se montra pas satisfait des arrêts prononcés quoiqu'il eût pour sa part « Polignac et la Voulte, Solignac et *Ceyssac* » et qu'on n'eut donné au Montlaur que la jouissance des terres de Gévaudan et d'Auvergne (1).

A sa mort survenue en 1442 (2), le grand procès entre les maisons de Polignac et de Montlaur n'était pas définitivement terminé. Louis, son fils unique, qui lui succéda, sous le nom de Louis-Armand XII, était l'un des plus valeureux capitaines de Charles VII ; à l'instar de ses prédécesseurs, il montra une superbe bravoure contre les Anglais. Louis-Armand mourut en octobre 1452, sans avoir vu finir le procès engagé par son père et qu'il avait repris en lui succédant. Il fut enterré au prieuré de Chamalières, dans le tombeau des seigneurs de Chalencon (3). C'est sous son fils aîné, Guillaume-Armand XIII que, le 26 juin 1464, le parlement de Paris vida *définitivement* ce grand litige au sujet de la possession de la vicomté de Polignac; le parlement donna effet à la substitution d'Armand IX en faveur de son neveu Pierre de Chalencon et lui attribua, en conséquence, la vicomté de Polignac avec ses annexes : « *Ceyssac*, Saint-Paulien et La Voulte ainsi que les baronnies de Randon, Randonnat, Solignac, Saint-Agrève, Servissas et le Molin-Neuf ». Cette

(1) Chabron, *Hist. de la maison de Polignac*, Liv. X, ch. ii ; — Truchard du Molin, *Hist. de la vicomté de Polignac*, p. 128.

(2) Chabron, *Hist. de la maison de Polignac*, Liv. X, ch. ii.

(3) Chabron, même histoire, Liv. X, ch. iii, iv et suivants. Louis-Armand XII testa le 19 août 1452 (Arch. du comte Guy de Polignac).

sentence confirma Guillaume-Armand XIII dans le droit de prendre le nom et le titre de vicomte de Polignac (1).


## GUYOT DE BERNARD, FILS DE JACQUES DE BERNARD
### SA GÉNÉALOGIE


De Courcelles, dans son histoire des Pairs déjà citée, fait connaître que, c'est sur preuves remontant à Guyot de Bernard, seigneur de Ceyssac, que la maison de Bernard fut maintenue dans sa noblesse d'extraction par les jugement et arrêt des 8 août 1667 et 22 février 1774 dont nous avons parlé précédemment. Ces jugements rendus sur titres originaux constatent sa noblesse et sa filiation à partir de Jacques de Bernard, seigneur de Ceyssac, père de Guyot de Bernard. Jacques de Bernard n'est connu que par d'anciens mémoires de famille, mais l'existence de sa femme noble Marguerite de la Tour qu'il avait épousée vers 1440, est constatée par titres. Cette dame est rappelée dans le testament de Guyot de Bernard son fils, en date du 18 novembre 1504 (2).

Guyot de Bernard, seigneur de Ceyssac, reçut les 11 janvier 1470 et 12 janvier 1471 deux reconnais-

(1) *Preuves de la Maison de Polignac*, par Jacotin, t. I, document 127, n° 156; — *Hist. de la Vicomté de Polignac*, par Du Molin, p. 134.

(2) A cette époque Claude-Armand XIV était vicomte de Polignac et baron de Ceyssac — se reporter au Livre IV, « Le fief et les terres de la baronnie de Ceyssac » (Déclarations de biens nobles).

sances féodales, la dernière passée devant Chander-
nier, notaire au Puy; Jean Chazals, fils et héritier
d'André Chazals, du diocèse du Puy, reconnut, à
titre d'emphitéose perpétuel de noble. Guyot de Bernard un bois situé sur le territoire de Marnhiac (1).
Ce seigneur épousa en 1480 noble Jeanne de Bravard
d'Eyssac, d'une maison d'ancienne chevalerie, originaire du Quercy; il fit les 27 avril et 18 octobre
1504 son testament et un codicille par lesquels, après
avoir fait des dons *à l'église de Ceyssac*, ainsi qu'à
plusieurs autres du diocèse, et avoir fait des legs à
divers membres de sa famille, il élut sa sépulture
dans la chapelle sainte Madeleine, en l'église Saint-
Pierre du Puy où étaient inhumés tous ses parents,
institua sa femme Jeanne d'Eyssac, seigneuresse et
usufruitière de tous ses biens et nomma pour son
héritier universel, Bernard de Bernard, son fils aîné,
avec substitution en faveur de Godefroi de Bernard,
son second fils. Dans le cas où ce dernier viendrait
aussi à mourir sans postérité, il appela à recueillir
cette substitution le deuxième fils de Geoffroi d'Es-
palets, son gendre, et ainsi graduellement, à condition
que celui qui serait son héritier serait tenu de porter
le nom et les armes de sa famille et *d'avoir son domicile au lieu de Ceyssac*. Ces deux actes furent passés
*à Ceyssac* par Guillaume Chabron, notaire public au
Puy, on ignore la destinée de Bernard de Bernard,
fils aîné de Guyot de Bernard et de Jeanne de Bravard

(1) Marnhac ou Marnhiac, dans le mandement de Polignac fait
partie aujourd'hui de la commune de Polignac.

d'Eyssac, institué héritier universel de son père les
27 avril et 18 octobre 1504 et, en cette qualité, seigneur de Ceyssac (de Courcelles, *Histoire des Pairs*,
vol. III (généalogie).

Dans un acte, aux minutes de Roche, notaire au
Puy, du 11 juin 1675, reproduit aux *Preuves de la
maison de Polignac* (1), nous trouvons qu'un terrier
latin avait été fait en faveur « de noble Guyot Bernard, pour raison de cens et rentes assis sur Vernassaux, reçu et signé à la fin de chaque reconnaissance ; Chaudéonis, notaire, commençant par la reconnaissance de Mᵉ Mathieu Brohé, prêtre, de Vernassaux, du 29 mars 1493 et finissant par celle de
Jean Blazi, doux Bournas, paroisse de Céaux, le
16 octobre 1494, coté à l'inventaire n° ccccxxx ». La
qualité de seigneur de Ceyssac n'y est pas donnée à
noble Guyot Bernard non plus qu'à son fils, noble
Bernard Bernard qui est également mentionné dans
le même document, pour les reconnaissances des dits
cens et rentes de Vernassaux, en 1519, cote d'inventaire n° ccccxxxi.

Le frère cadet de Bernard de Bernard, Godefroi,
premier du nom, écuyer, seigneur de Talode, léga-
taire particulier dans le testament paternel de 1504,

<hr>

(1) Arch. dép. Haute-Loire (série E), Roche notaire, 1675, fol. 75 et
suivants, acte reproduit aux *Preuves de la maison de Polignac,* par
Jacotin, vol. III, fol. 304 à 308 (ratification par Louis-Armand XIX,
vicomte de Polignac et Jacques Brunel, seigneur de Saint-Christophe, d'un échange fait, en 1606, entre le vicomte Gaspard-Armand XVIII et Geoffroy Brunel, bourgeois, de droits seigneuriaux
sur le mandement de Saint-Christophe et la baronnie de Ceyssac,
contre des redevances censitaires assises à Vernassal.

avait épousé vers 1525, Louise de la Tour, nous le trouverons en 1537 capitaine de Ceyssac. On lui connaît deux fils : Christophe, écuyer, seigneur de Talode, son héritier universel le 10 mars 1552, qui commandera la place de Ceyssac, en 1589, pendant la Ligue, et Bernard, marié avec Jeanne de Trioulou, d'une ancienne maison d'Auvergne, qui était veuve en 1576.

La famille de Bernard s'est continuée jusqu'à nos jours : divisée au xix<sup>e</sup> siècle en deux branches, une seule, celle de Talode du Grail est existante en Vivarais, l'autre fixée en Franche-Comté est éteinte (1).

Lainé *dans ses archives nobiliaires* (2) donne aux « Bernard de Talode » (1504-1566), les armoiries suivantes : « d'azur à la bande d'argent, chargée d'un lion léopardé de gueules et accostée de deux étoiles d'or ».

La famille de Bernard ne paraît pas avoir joué un rôle bien important à Ceyssac où elle se trouvait dans la dépendance des Polignac, barons et seigneurs hauts justiciers de ce lieu, comme nous avons eu déjà l'occasion de le faire remarquer.

En 1473, nous trouvons exerçant les fonctions de capitaine à Ceyssac, Claude de Villaret, seigneur de

(1) De Courcelles, *Hist. des Pairs de France et des principales familles du royaume*, vol. VIII (gén.) = Bouillet, *Nobiliaire d'Auvergne*, t. I, p. 209 et 210 = Arch. dép. Haute-Loire, B 33 p. cxi (*Preuves de Noblesse*) et E. p. 184 = Lainé, *Archives de la Noblesse*, IV et VII ; — J. Villain, *La France moderne*, Haute-Loire (communication du docteur de Brie). — Se reporter au chapitre iv du même livre de notre ouvrage.

(2) Lainé, *Arch. de la Noblesse*, vol. VII.

Beaufort, près Goudet, dont un des aïeux avait été baile de Polignac et de Ceyssac deux siècles auparavant.

Claude de Villaret était témoin, le 31 juillet 1473, du testament de Guillaume Armand XIII, vicomte de Polignac, et déjà en 1470, le 24 novembre, il avait été présent à l'hommage rendu au même vicomte par Jean de Ladevèze pour tout ce qu'il possédait dans l'étendue de la vicomté de Polignac (1). Il représenta comme capitaine à Ceyssac les deux vicomtes Armand XIII et Armand XIV.

Guillaume-Armand XV succéda, en 1509, à son frère le vicomte Guillaume-Armand XIV, dit l'Aveugle, décédé sans postérité. En vertu d'un arrêt du parlement de Toulouse du 28 mai 1510, il fut maintenu dans la possession des vicomté, baronnies, châteaux, terres et seigneuries de Polignac avec leurs appartenances et dépendances et tous leurs revenus, à l'exclusion de Guillaume et de Claude de Chalencon-Rochebaron (2). Ce vicomte avait exécuté de grandes affaires par sa singulière prudence ; conseiller du Roi en son grand conseil, il lui rendit de bons et louables services. Armand XV mourut le 31 août 1518 et fut enterré en grande pompe funèbre, dans l'église de Saint-Laurent, au Puy (3). Sa veuve, Marguerite de

(1) Arch. dép. Haute-Loire, série H, fonds des Frères Prêcheurs du Puy, 1473, original sur parchemin ; *Preuves de la Maison de Polignac*, vol. IV, fol. 312 (1470).

(2) Arch. dép. Haute-Garonne, section judiciaire, Parlement de Toulouse, registre XIV des arrêts, fol. 479.

(3) *Chronique d'Et. Médicis*, publiée par A. Chassaing, t. I, p. 298 et 290.

Pompadour ne mourut qu'en 1528 ; au décès de son mari, elle eut la tutelle de son fils François-Armand XVI, vicomte de Polignac, et se consacra toute entière à ses quatre enfants et aux affaires litigieuses de la vicomté (1).

Au vicomte François-Armand XVI échut en 1533 l'honneur de recevoir François I<sup>er</sup> au château de Polignac lorsque ce monarque se rendit au Puy pour faire ses dévotions à Notre-Dame ainsi que tant de souverains ses prédécesseurs. Le 17 juillet, le vicomte de Polignac se porta au devant du Roi jusqu'à Brioude, à la tête de cent gentilshommes « ses vassaux », et l'emmena, ainsi que ses fils et sa cour dans son redoutable manoir de Polignac où ce déploiement de puissance féodale fut suivi d'une splendide réception. Le 18 le Roi-chevalier quitta Polignac dans l'après-midi et fit le même jour, vers quatre heures, son entrée dans la ville du Puy avec cette magnificence qui était le principal élément de sa vie (2).

En 1537, Armand XVI avait pour capitaine à Ceyssac Godefroi de Bernard, écuyer, seigneur de Talode, deuxième fils de feu Guyot de Bernard de Ceyssac (3).

(1) Chabron, *Histoire de la Maison de Polignac*, Livre XI, chap 1 (éloge de Marguerite de Pompadour) ; — voir aussi Livre IV, de notre ouvrage « mesures et fruits de la terre de la baronnie de Ceyssac (1520) ».

(2) Touchard Lafosse, *La Loire historique*, vol. I, chapitres III et IV. — Arnaud, *Histoire du Velay*, tome I, p. 289.

(3) *Inventaire sommaire des Arch. dép. Haute-Loire* avant 1790, Arch. eccl., série G, clergé séculier, évêché du Puy, fol. 22 (A. Jacotin, 23 juin 1537) ; — *Histoire des Pairs de France*, par de Courcelles, vol. VIII (généalogies).

# CHAPITRE VI

GUERRES DE RELIGION (1560-1596).

Le château de Ceyssac pendant la Ligue. — Sa belle défense en 1589 et 1590; les capitaines de place de l'époque. — Soumission de Ceyssac à l'autorité d'Henri IV et pacification générale du Velay.

Les guerres religieuses affligèrent le Velay pendant plus de 30 ans, de 1560 à 1596. Pendant la guerre de la Ligue, le château de Ceyssac pourvu d'une nombreuse garnison par les vicomtes de Polignac fut l'objet de fréquentes attaques. C'est ainsi qu'en 1582, Jean Bertrand, juge mage à la cour du sénéchal du Puy, ayant obtenu un arrêt du Conseil d'État et voulant le mettre à exécution se rendit à Ceyssac, accompagné du baron de Saint-Vidal, gouverneur du Velay, des capitaines de quartier et des habitants en armes, il intima à la garnison mise au château par le vicomte Louis-Armand XVII (1) de l'évacuer conformément à

(1) Louis Armand XVII, vicomte de Polignac et baron de Ceyssac, fils de François-Armand XVI et de Philiberte de Clermont. François-Armand avait eu d'un premier mariage avec Anne de Beaufort, Claude, dit « Torticolis », dans lequel Louis-Armand trouva un compétiteur à la vicomté de Polignac. Claude s'était fait hugenot; il prit le titre de vicomte de Polignac au lendemain de la mort de son père (novembre 1562), et mourut, à l'âge de 25 ans, sans postérité, le 6 juillet 1564 (Truchard du Molin, *Histoire de la vicomté de Polignac*, p. 179; — Chabron, *Histoire de la Maison de Polignac*, Liv. XI, chap. v et vi.

la volonté du Roi ; il ordonna aussi aux habitants de faire reconstruire sa maison comme elle l'était auparavant, sous peine de 4,000 livres d'amende, d'où il paraît, écrit l'historien Arnaud, que les habitants de Ceyssac avaient ruiné la maison de Bertrand et que, s'ils n'avaient commis cet excès à l'instigation du vicomte de Polignac, celui-ci avait placé du moins une garnison au château pour s'opposer à ce qu'ils ne fussent punis ou contraints à réparer les dommages qu'ils avaient causés (1).

Sept ans après, la place était assaillie de nouveau par les habitants du Puy conduits par le capitaine général de cette ville ; le château qui était occupé par une garnison qu'y avait mis Chaste (2), résista victorieusement à leurs assauts. Pour se dédommager, les ligueurs amenèrent au Puy tous les bestiaux qui tombèrent sous leurs mains et qu'ils rendirent, néanmoins ensuite, aux cultivateurs auxquels ils appartenaient. La place avait alors (14 avril 1589), pour capitaine Christophe de Bernard, écuyer, seigneur de Talode (3).

— Testament de Louis-Armand XVII (1584) (legs concernant la terre de Ceyssac : *Preuves de la Maison de Polignac*, par A. Jacotin, vol. III, p. 89 et 90).

(1) *Histoire du Velay*, par Arnaud, vol. Ier, p. 404 et 448 et suivantes.

(2) Chaste (François de Clermont, seigneur et baron de), Sénéchal du Velay, et ensuite gouverneur de cette province après Saint-Vidal ; il avait épousé, en 1587, Françoise de Montmorin, vicomtesse douairière de Polignac, veuve du vicomte Louis Armand XVII, décédé en 1584 (Truchard du Molin, *Histoire de la vicomté de Polignac*, p. 184 et 185).

(3) *Histoire du Velay* par Arnaud, vol. Ier, p. 404 et 448 et suivantes.

Christophe de Bernard (1) était le fils aîné de Godefroi I<sup>er</sup> de Bernard de Talode, capitaine de Ceyssac en 1537; son fils Godefroi II<sup>e</sup> du nom, continua la lignée des Bernard, seigneurs de Talode.

Le 3 février 1590, un nouvel assaut fut livré et vainement encore au château de Ceyssac. Les habitants du Puy et Pouzols à la tête de sa compagnie, muni d'un pétard, se mirent en marche vers Ceyssac pour s'emparer du château, mais ils ne purent y réussir à cause de sa bonne fortification et de la belle défense de sa garnison. Les ligueurs pour se dédommager, renversèrent la porte de l'église et saccagèrent le village où ils firent un butin considérable ; ils emmenèrent prisonniers plusieurs habitants liés et garottés, entr'autres le vicaire, ils eurent deux hommes grièvement blessés et la garnison deux de tués. Les troupes de la garnison étaient alors commandées par les capitaines de la Colombe et de la Salle. Rentrés au Puy, les ligueurs se prirent de querelle pour le partage du butin et furent sur le point d'en venir aux mains. Les prisonniers furent ensuite mis en liberté moyennant une rançon (2).

En 1591, devant les forces supérieures de l'armée du duc de Nemours, Ceyssac dut faire sa soumission. Le duc, en effet, à qui Mayenne avait donné le gouvernement du Lyonnais, entra dans le Velay à la tête d'un corps considérable de troupes ; la garnison d'Ys-

----

(1) Christophe de Bernard : *Histoire des Pairs de France*, par de Courcelles, vol. VIII (généalogie des Bernard de Talode).

(2) Arnaud, *Histoire du Velay*, p. 482 et 483 du vol. I<sup>er</sup>; — Louis de Vinols : *Guerres de religion dans le Velay*, chap. VII, p. 186.

singeaux évacua cette ville qui se soumit à lui. La garnison de Saint-Didier refusa d'abord de se rendre, mais voyant qu'il allait battre la place avec du canon, elle capitula et sortit enseigne déployée et mèche éteinte. Le duc arriva au Puy le 26 août, après avoir reçu la soumission des villes de Craponne, Montfaucon, le Monastier et Saint-Paulien ainsi que de Solignac, Ceyssac et Bouzols. Enfin, en 1594, Ceyssac se soumit à l'autorité du roi Henri IV qui ordonna le paiement de la solde de la garnison (1). L'année 1596 vit la pacification générale du Velay à la suite de l'édit d'Henri IV accordant une amnistie générale complète et réciproque aux deux partis qui avaient lutté, entre eux, avec tant de haine et de fureur.

Le château de Ceyssac, avec les nombreuses grottes celtiques qu'il abritait, était un lieu de refuge pour les habitants du village qui venaient avec leurs bestiaux, y chercher protection lorsque l'invasion ou la guerre ravageait le pays; sa situation explique l'importance qu'il avait acquise pendant la guerre de Cent ans contre les Anglais et plus tard pendant les dissensions religieuses du xvi$^e$ siècle, parce qu'à ces époques chaque parti recherchait les positions stratégiques.

Pendant la longue suite de ces guerres, la baronnie de Ceyssac (2) eut beaucoup de relief; elle le dut

(1) Arnaud, *Histoire du Velay*, p. 522 du vol. I$^{er}$ et 37 du vol. II.

(2) La baronnie de Ceyssac ne comptait pas parmi celles qui avaient le droit d'être représentées aux États du Velay, mais Arnaud, dans son *Histoire du Velay*, vol. II, p. 434 (note LX), la cite parmi les baronnies ayant du relief en raison de l'importance de son château-fort et de l'autorité de ses seigneurs.

incontestablement à la valeur défensive de son château-fort et à ses seigneurs si considérables par leur
nom et la notoriété de leurs services.

A partir du xvii<sup>e</sup> siècle dans lequel nous allons
entrer, l'histoire de Ceyssac et de sa seigneurie
n'offre plus aucun fait méritant d'être particulièrement
signalé (1). Cette localité dont les habitants furent
jadis quelque peu belliqueux sous la bannière de leurs
seigneurs, présentera désormais un aspect tranquille
et plus heureux, sa population toute rurale vivra
en sécurité à l'ombre nourricière de la charrue, ne
songeant nullement aux calamités de toute sorte
éprouvées par Ceyssac dans la période troublée de
son existence passée.

Le xvii<sup>e</sup> siècle marquera la fin de l'aristocratie
féodale qui, abattue par Richelieu, entraînera dans
sa chute celle des châteaux-forts dans l'intérieur du
royaume. Le château de Ceyssac ruiné en partie
après tant de guerres sera abandonné; le temps
achèvera d'accomplir l'œuvre de destruction causée
par les sièges et les combats, et, nous verrons que,
moins d'un siècle après la pacification du Velay, ce
château ne présentera plus qu'une tour ruinée.
D'ailleurs, les vicomtes de Polignac qui vivaient
alors à la cour des rois de France dans un faste
dispendieux, entamaient leur fortune comme la

(1) Le Velay lui-même n'offrira plus que quelques événements
secondaires jusqu'à la Révolution : la surprise d'Yssingeaux par les
religionnaires de Privas en 1621 et les hardies expéditions au
xviii<sup>e</sup> siècle de Mandrin, le fameux chef de contrebandiers qui com-
mit tant de vols à main armée au Puy et dans la province.

plupart des grands seigneurs de cette époque; ils avaient autre chose à faire que de relever les ruines de leurs nombreux châteaux, aussi ne songèrent-ils pas à réparer le castel de Ceyssac dont-ils auraient pu tout au moins conserver le donjon comme signe de la puissance de leur antique maison.

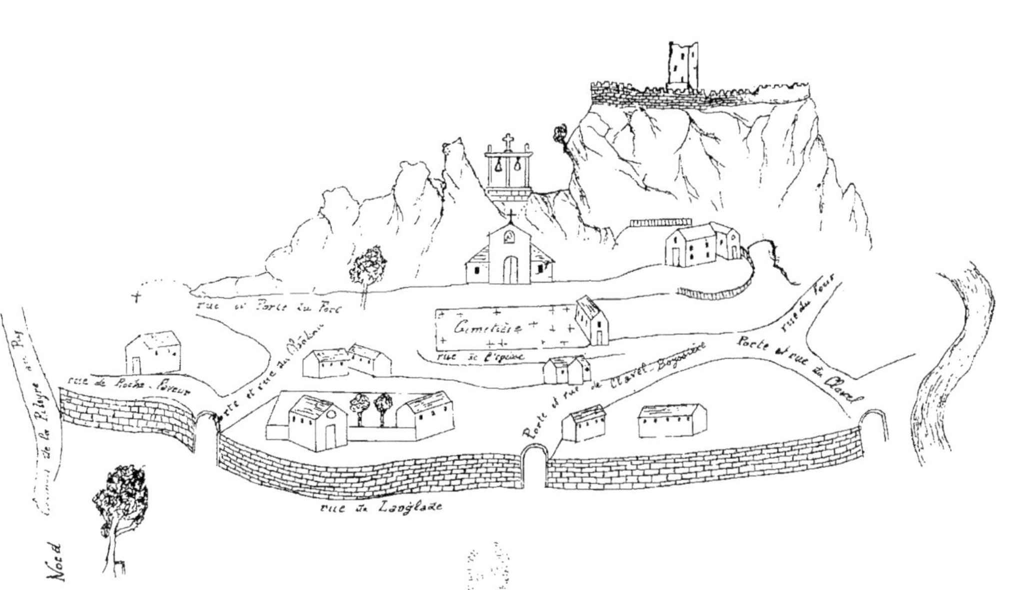


VUE DE CEYSSAC A LA FIN DU XVIIe SIÈCLE

(Prise sur un manuscrit de cette époque).

# CHAPITRE VII

### (XVIIᵉ SIÈCLE).

Le vicomte Gaspard-Armand XVIII, baron de Ceyssac. — Monsieur de Ceyssac. — Les vicomtes Louis-Armand XIX et Gaspard-Armand XX, barons de Ceyssac. — Vente de la baronnie par Gaspard-Armand XX à Michel Chambon, seigneur de Chadenac.

En 1600, le 10 septembre, le vicomte Gaspard-Armand XVIII recevant foy et hommage d'Alain de Saint-Ferréol, était qualifié de haut et puissant seigneur messire Gaspard, dit Armand, vicomte de Polignac, baron de Chalencon, Solignac, *Ceyssac*, Randon, Randonnet et autres places (1). Dans un acte du 10 août 1605 où il est désigné avec les mêmes qualifications (2); il transigea avec Jean de Saulx, vicomte de Tavannes, sur la succession de Françoise de Polignac, dame de Lugny, fille de Guillaume-Armand XV, vicomte de Polignac et baron de Ceyssac, et de Marguerite de Pompadour. Le 7 avril 1629, dans son testament mystique rédigé au château de la Voulte-sur-Loire, il donna : à « *Monsieur de Ceyssac* 1.200 livres pour se maryer ou pour se mettre en religion ou pour en fere ce qui luy plerra » (3).

(1) et (2) 10 septembre 1600 et 10 août 1605 : *Preuves de la Maison de Polignac*, vol. IV, fol. 446 et vol. III, fol. 153 (A. Jacotin).

(3) Archives du Couvent de Sainte-Claire au Puy (1629). — Le 23 novembre 1654. Le vicomte Gaspard-Armand XVIII testa de nouveau;

En 1606, il avait échangé, avec Geoffroy Brunel, quelques-uns de ses droits seigneuriaux sur les mandements de Ceyssac et de Saint-Christophe contre des redevances censitaires à Vernassal, traité ratifié, le 11 juin 1675, par son fils Louis Armand XIX, vicomte de Polignac, gouverneur du Puy, qui lui succéda à Ceyssac, et Jacques Brunel, s<sup>r</sup> de Saint-Christophe (1).

Néanmoins, par l'acte précédent, les vicomtes de Polignac ne s'étaient pas dessaisis de tous leurs droits sur ces seigneuries, et ce fut Sidoine Apollinaire Gaspard Armand XX, vicomte de Polignac, qui vendit à Michel Chambon, seigneur de Chadenac : « 1° le 7 février 1693 (2) Cenilhac, Vourzac, Coyac, Farreyroles, les Salles et le haut de la Crebade, et 2° le 4 mai de la même année (3) la terre et seigneurie, baronnie et paroisse et mandement de Ceyssac, ruines et rocher du château, jardins, communs, pa-

ce nouveau testament, daté du château d'Auzon, ne renferme pas le legs à M. de Ceyssac, et révoque tous autres précédents testaments, codicilles et donations faits à cause de mort. (Archives du même Couvent de Sainte-Claire au Puy, original sur papier).

(1) Acte de ratification du 11 juin 1675 ; archiv. dép. de la Haute-Loire, série E, minutes de Roche, notaire (1675), fol. 75 et suivants.

Le vicomte Louis Armand XIX, prit la qualité de baron de Ceyssac dans de nombreux actes, notamment au contrat de mariage de son fils aîné avec Marie-Armande de Rambures, fille d'honneur de madame la Dauphine (Paris, Versailles 23 août 1686) (arch. dép. de la Haute-Loire, B 32, reg. des insinuations de la sénéch. du Puy, audience du 29 juillet 1686, fol. 459-466 verso).

(2) Archiv. dép. de la Haute-Loire, série E, minutes d'Alirol, notaire, reg. 1692 à 1695.

(3) Id.

cages, terres cultes et incultes possédés par lui au dit mandement de Ceyssac qui consiste de présent au bourg du dit Ceyssac, villages de la Roche-Sonnier, Broussac, Chantilhac et le domaine de Claris, avec leurs entiers territoires, en fief franc et noble, en toute justice haulte, moyenne et basse, mère, mixte et impère, avec leurs rentes, droits de tailliabilité, clames, boirades, courvées, amendes, confiscations, droits de pêche et de chasse, création et destitution d'officiers et greffiers, droits d'entrée et leyde de la ville du Puy, péage, lods et vente tant des biens nobles que ruraux, prélation, advantages, comis, fiefs, arrière-fiefs, porterages, cor, cry, guet, gardes, droits honorifiques, patronages, chapelles, et autres droits et devoirs seigneuriaux et autres choses portées par le dit contrat ». La vente de la baronnie de Ceyssac faite en faveur de Michel Chambon, par procureur, fut ratifiée par le vicomte lui-même, au Puy, le 15 mai 1694 (1). Depuis cette époque, cette baronnie qui était, auparavant, une annexe de la vicomté de Polignac devint et resta, jusqu'à la Révolution de 1789, un fief vassal de cette vicomté.

(1) Archiv. dép. de la Haute-Loire, série E, minutes d'Alirol, notaire, reg. 1692 à 1695.

# LIVRE III

## LA BARONNIE DE 1693 JUSQU'A LA RÉVOLUTION DE 1789

---

## CHAPITRE PREMIER

### (DE 1693 A 1733).

Barons de Ceyssac appartenant à la famille Chambon. — Michel Chambon de Chadenac, 1er baron. — Seigneurie et domaine noble de Chadenac, ses seigneurs d'autrefois. — Famille de Michel Chambon, sa descendance. — Vente de la baronnie de Ceyssac à Thomas Antoine Gailhard, seigneur de Couteaux, par André Dominique Chambon; la terre de Chadenac n'est pas comprise dans la cession. — Mort d'André Dominique à Chadenac. — Sa succession.

Au XVIIe siècle la Noblesse se ruinait et s'anéantissait tous les jours et le Tiers-Etat accédait à la fortune et, par elle, aux honneurs et prérogatives (1). L'avènement des nouveaux seigneurs de Ceyssac en est un exemple probant parmi tant d'autres que nous

(1) Le département de la Haute-Loire est une des contrées, surtout aux environs du Puy, où les terres ont passé le plus facilement des mains de la noblesse dans celles des vieilles familles bourgeoises. (*Chronique d'Et. Médicis*, vol. II, fol. 88, note d'A. Chassaing).

pourrions citer. Les Chambon (1), il est presque superflu de le dire, n'eurent pas auprès des populations l'immense prestige des Polignac dont la noblesse de race se perdait dans les abîmes du passé et à la domination desquels le paysan était habitué depuis tant de siècles; ils eurent, et leurs successeurs aussi, beaucoup moins d'influence sur la communauté des habitants ; d'ailleurs au xviie siècle, la monarchie absolue tendait à absorber tous les pouvoirs : le Roi, par l'intermédiaire de ses intendants, exerçait une surveillance sur les communautés rurales et s'attachait à les soustraire, de plus en plus, à l'autorité seigneuriale.

Michel Chambon et les siens furent longtemps mêlés aux affaires d'intérêt du vicomte Sidoine Apollinaire. Celui-ci affermait à Michel, en 1692, les terres de Polignac, de Loudes et de Ceyssac et, en 1693, toutes celles de la baronnie de Loudes; le 3 janvier 1698, il lui vendait tous les droits et revenus des terres de Polignac et de Loudes pour 4 années, et, le 28 octobre 1699, il lui affermait ses droits sur l'importante seigneurie de Solignac (2). Le 10 juin 1707, Michel Chambon intervenait dans le remboursement d'un prêt de 2,056 livres que Sidoine Apollinaire reconnaissait lui avoir été fait par Irailh, conseiller au présidial du Puy, emprunt que le vicomte,

---

(1) Michel Chambon, bourgeois du Puy, avait traité de grosses affaires et s'était enrichi par le négoce ; nous le trouvons un des consuls de cette ville en 1687, et seigneur de Chadenac en 1692.

(2) Minutes d'Alirol, notaire au Puy, archiv. dép. de la Haute-Loire (série E).

alors maréchal de camp des armées du Roi, avait contracté pour faire la campagne en Catalogne (1). Le fils de Michel était capitaine de la vicomté de Polignac, fonction que remplit aussi, dans la suite, son petit-fils. Michel possédait le domaine de Chadenac depuis 1692, il l'avait acheté, le 21 janvier de la dite année (2), à Jean de Fillère, écuyer, baron du Charrouil, seigneur du Cheylon, de Chomeil, Mestrenac et autres places, premier président juge-mage et lieutenant général au siège présidial et sénéchal de la ville du Puy, ainsi qu'à son frère Charles de Fillère, écuyer, seigneur de Bornette et de Chadenac; le 22 du même mois, il en avait été investi par le vicomte de Polignac à charge par lui de rendre foy et hommage au dit vicomte (3). Cette vente fut ratifiée le 18 juillet 1698, par Charles de Fillère de Bornette (4), qui n'était intervenu, dans l'acte de vente de 1692, que représenté par son frère Jean décédé depuis. Dès lors, Michel Chambon posséda, d'une façon définitive, l'entière terre, seigneurie et domaine noble de Chadenac et tous les droits seigneuriaux et autres en

---

(1) Minutes d'Antoine Molin, notaire. Archiv. dép. de la Haute-Loire (série E); *Preuves de la Maison de Polignac* (A. Jacotin, vol. III, fol. 375 (Charte 585). Sidoine Apollinaire, maréchal de camp, obtint le grade de lieutenant général des armées du Roi par pouvoir du 1er février 1719, après avoir été pourvu, en 1718, du gouvernement du Velay et de la ville du Puy (Truchard du Molin, *Biographie des officiers généraux de la Haute-Loire*, p. 135).

(2) Minutes d'Alirol, notaire au Puy. Archives dép. de la Haute-Loire, série E.

(3) Id.

(4) Id.

dépendant ainsi que Hugues, Marcelin et André de
Fillère, aïeul, père et frère des seigneurs vendeurs et
eux-mêmes avaient joui.

Le domaine de Chadenac avait jadis appartenu,
comme nous l'avons dit, à l'antique maison de
Ceyssac et faisait partie de la baronnie de ce nom au
XIII<sup>e</sup> siècle.

En 1376, le 3 juin, noble et puissant homme Raymond de Pruynes, fils de noble et puissant homme
Guidon seigneur de Pruynes (1), chevalier, et sa
femme Marguerite de Vissac, fille de noble homme
et puissant seigneur Louis de Vissac, chevalier, et de
Béatrix de Ceyssac, vendirent à noble Pierre de la
Gorce, chevalier, et à son épouse Marguerite de
Ceyssac, dame de Mestrenac et du Cheylon, la
« metterie noble de Chadenac » (2) qui entra plus
tard, avec ses dépendances, dans la maison Saint-
Marcel, à la suite du mariage de Jeanne de la Gorce
avec le chevalier de Saint-Marcel en Forez (3).

Au XVI<sup>e</sup> siècle, Claude du Mas était seigneur de
Chadenac; l'un de ces ancêtres paternels possédait

_____

(1) De Pruynes, jadis de Pruhines, d'ancienne chevalerie, en Rouer-
gue, Auvergne et Velay (Tardieu, *Dictionnaire anciennes familles
d'Auvergne*, et Lascombe, *Répertoire des hommages de l'Évêché du
Puy*, p. 170.

(2) Acte reproduit aux minutes d'Alirol, notaire, 29 août 1692
(vente de Chadenac à Michel Chambon) — l'original fait partie des
archives du Charrouil.

(3) Persavent-Raibe, chevalier seigneur de Saint-Marcel en Forez,
issu d'une antique maison, branche de l'illustre famille d'Urfé, des
barons et marquis d'Urphé (Bouillet, *Nobiliaire d'Auvergne*, voir
page suivante, note 3).

cette seigneurie en 1470 (1). En 1609, Claude Galles (2), seigneur de Saint-Marcel et du Cheylon, acquit Chadenac de Jacques Paillard d'Urphé (3), marquis du Baise, baillif du Forez (contrat du 23 janvier 1609, chez les Jacobins du Puy).

Michel Chambon acquit encore en 1696 (4), de Gabriel de Licques, seigneur de Ferraignhe et de la Bernarde : 1° le 25 octobre tous les cens et rentes auxquels celui-ci avait droit en fief franc et noble sur les fonds situés à Vourzac, les Salles, Farreyroles, Ceyssac, avec tous les droits seigneuriaux suivant terrier (5) fait pour de Licques de Ferraignhe, Guyot,

(1) *Inventaire somm. des archiv. dép. Haute-Loire,* avant 1790, Archiv. eccl. clergé séculier, série G, collégiale de Saint-Vosy, fol. 197. Claude du Mas (xvi° siècle, Hugues du Mas, 1470), publication de A. Jacotin.

(2) Galles et de Gals, vieille famille noble forézienne (Bouillet, *Nob. Auvergne,* vol. III, p. 115.

(3) Jacques d'Urphé, dit Paillard, d'une illustre maison du Forez qui tire son nom de la terre d'Urfé, est fort ancienne bien qu'on ne la remonte qu'à Arnold, seigneur d'Urfé, premier du nom, surnommé « Raibe », vivant en 1256. Les d'Urfé étaient barons et marquis d'Urphé, marquis de Bage, etc. L'autorité de cette famille était presque souveraine en Forez, plusieurs de ses membres furent grands baillis du Forez (Moreri, *Grand dictionnaire historique,* tome X-T, z, fol. 718 et 719; — Bouillet, *Nobiliaire d'Auvergne,* vol. VI, fol. 452; — P. Anselme, vol. VIII. p. 499.

(4) Minutes d'Alirol, notaire au Puy, archiv. dép. Haute-Loire.

(5) Sous l'ancien régime, on nommait « terrier ou papier terrier » le recueil de foy et hommage, aveux, dénombrements, déclarations et reconnaissances passées à une seigneurie par les vassaux censitaires, emphytéotes et justiciables (Ch. de Bernard, gentilhomme campagnard, vol. 1er, fol. 29). Plus tard, les propriétaires terriens firent établir, pour leurs divers domaines, des terriers qui étaient l'orgueil des vieilles familles.

et consorts, et authentiqué par Johanny, notaire; 2° le 7 décembre de la même année, le pré noble « le Chadien » situé au lieu de Vourzac. Enfin, le 6 octobre 1697 (1), Jacques de Vinols, seigneur du Bouchet, lui vendait le pré noble le « Garayt » sis à Cenilhac.

Ce fut lui qui fit construire la maison seigneuriale et réédifier la métairie de Chadenac suivant le contrat qu'il avait conclu avec son entrepreneur, le 12 décembre 1699 (2); les travaux furent terminés aux Rogations de 1700 (3). Au Puy, la résidence de la famille Chambon était dans l'isle Pannessac.

Michel Chambon avait épousé, en première noces, Claire Farisier d'où Jean Claude, époux de Jeanne Alirol, et en deuxième noces, Claire-Marthe Chabert d'où plusieurs enfants parmi lesquels une fille « Marie Augustine » qui épousa, le 11 janvier 1724, noble Balthazar de Beaux de Vaunac, fils du seigneur de Vaunac, et de Jeanne-Françoise de Choumouroux.

Jean-Claude Chambon, seigneur de la baronnie de Ceyssac, capitaine de la vicomté de Polignac (4), mourut au Puy le 18 janvier 1698 et fut inhumé dans cette ville, en l'église Saint-Pierre-du-Monas-

_______

(1) Minutes d'Alirol, notaire au Puy, archiv. dép. Haute-Loire.
(2) Id.
(3) Le manoir était flanqué de quatre tourelles et, au-dessus du portail, s'élevait un mâchicoulis qui en défendait l'entrée (Traité avec l'entrepreneur, 1699).
(4) Minutes d'Alirol, notaire au Puy, archives départementales, Haute-Loire, série E.

tier (1). De son mariage avec Jeanne Alirol qu'il avait
épousée, le 12 février 1693, il eut trois enfants :
1° Jean-Baptiste de Ceyssac; 2° André ecclésiastique,
chapelain des chapellenies et vicairies de Sainte-Cathe-
rine et Saint-Pierre-des-Aruns dans l'église de Solignac en 1701; 3° Anne-Marie, religieuse professe au
monastère des Dames de Sainte-Madeleine à Vals-le-
Puy, aussi en 1701 (2).

Par son testament du 22 mai 1697 (3), Jean-Claude
avait nommé son héritier universel son père Michel
et institué ses héritiers particuliers ses trois enfants,
à la charge de remettre à l'un d'eux tel que bon lui
semblera l'entière hérédité. En même temps, il avait
stipulé divers avantages en faveur de sa femme Jeanne
Alirol.

Michel, en suite de ce testament l'instituant l'héritier de son fils, remit par acte notarié du 6 avril
1701 (4), à son petit-fils, Jean-Baptiste l'entière hérédité de son père suivant le fidei-commis verbal
à lui confié par ce dernier.

Jean-Claude Chambon, portait d'azur semé d'épis
d'or à une épée d'argent posée en pal brochant sur
le tout (5).

---

(1) Le renseignement concernant le décès et la sépulture de Jean-
Claude Chambon, est consigné sur le registre paroissial de Ceyssac
de l'an 1698, par le prieur-curé Dugone (archiv. comm. Ceyssac).

(2) Minutes d'Alirol, notaire au Puy, archives départementales,
Haute-Loire, série E.

(3) Id.

(4) Id.

(5) S. R. 20 vol. I<sup>er</sup>, fol. 182. Le Puy édit. de novembre 1696
(*Armorial général de France — Velay*).

Jean-Baptiste Chambon, baron de Ceyssac et capitaine du château de Polignac, figure avec ces deux qualités dans un acte du 31 mars 1704 où il souscrit comme témoin à une vente faite par Gaspard Armand XX, vicomte de Polignac, à la Chartreuse de Brives, de tous ses droits seigneuriaux sur le village de Durianne. La même année, le 24 avril, il assiste comme capitaine du château de Polignac et seigneur de Ceyssac à la translation de reliques de la chapelle de ce château dans l'église paroissiale de Saint-Martin de Polignac (1). Jean-Baptiste Chambon mourut à Chadenac, le 17 mars 1720 et fut inhumé dans l'église de Ceyssac, chapelle du Saint-Rosaire (2). Il eut trois enfants : 1° André-Dominique (qui suit) ; 2° une fille qui épousa noble de Choumouroux de Rioufreyt d'où Antoine habitant à Rioufreyt, paroisse de Saint-Hostien (3) ; 3° une deuxième fille Jeanne, née à Chadenac, le 4 juin 1712, de sa seconde femme Jacqueline du Bisset de Beaumont (4) et qui se maria, le 20 août 1740, avec Jacques-Antoine Exbrayat de Labouritte d'où plusieurs enfants parmi lesquels Jean-François, officier d'infanterie (5).

André Dominique époux, de demoiselle Rous-

(1) Minutes d'Alirol, notaire (1704-1705), fol. 47 et 71 du registre. — Arch., dép. Haute-Loire, série E.

(2) Extrait des actes de sépulture des reg. par. de Ceyssac, xvii<sup>e</sup> et xviii<sup>e</sup> siècles.

(3) Extrait du contrat de vente du domaine de Chadenac à Raymond Charbounouze, des 31 janvier et 16 février 1785, minutes de Vallat, notaire. Archiv. dép. de la Haute-Loire.

(4) Reg. par. de Ceyssac, xvii<sup>e</sup> et xviii<sup>e</sup> siècles.

(5) Voir note n° 3 ci-dessus.

CHADENAC                                    (Cliché de M. l'abbé Pascal)

set, (1) chevalier de l'ordre royal militaire de Saint-Louis, est le dernier baron de Ceyssac appartenant à la famille Chambon. Il avait succédé à son père à Ceyssac en 1720 et vendit, en 1733, ses droits seigneuriaux à Thomas Antoine Gailhard, seigneur de Couteaux ; il ne comprit pas dans cette cession la terre noble de Chadenac qui resta sa propriété.

André-Dominique Chambon, mourut au château de Chadenac à l'âge de 80 ans, le 21 novembre 1783, et fut inhumé à Ceyssac, chef-lieu de son ancienne chatellenie, dans l'église Saint-Jean-Baptiste, chapelle du Saint-Rosaire affectée à sa famille(2). Sa sœur consanguine Jeanne, veuve de Jacques Exbrayat de Labouritte, devint son unique héritière, à la suite de la répudiation de sa succession, ab intestat par Antoine de Choumouroux de Rioufreyt, fils de la dame Chambon, sœur germaine d'André-Dominique. Elle vendit, en 1785 (3), à Jean-Raymond Charbounouze, procureur au sénéchal et présidial du Puy, la terre, seigneurie et domaine de Chadenac.

En 1856, demoiselle Marie-Louise Charbounouze, à qui Chadenac avait été dévolu après une vente par licitation du 21 décembre 1831, vendit le manoir et le domaine aux patrons des Frères de Saint-François-Régis (4). La communauté de ces Frères agriculteurs

(1) Reg. par. de Ceyssac, xviie et xviiie siècles.

(2) Reg. par. de Ceyssac, xviie et xviiie siècles (actes de décès).

(3) Contrats de vente des 31 janvier, 1er et 16 février 1785, minutes de Vallat, notaire, archiv. dép. Haute-Loire, 1785.

(4) Acquisition du 19 août 1856, par la société de patronage de ces Frères (Me Gueffier, notaire au Puy).

en prit alors possession et fonctionna jusqu'en 1904, époque à laquelle les Frères quittèrent la France pour aller créer un établissement agricole au Canada (1). La métairie et le vieux manoir (2) de Chadenac sont aujourd'hui la propriété de la famille Pascal, à la suite de l'acquisition qui en a été faite, le 8 juin 1904, par M. l'abbé Pascal, devant le tribunal civil du Puy.

(1) Tous les renseignements concernant Chadenac ont été fournis avec une extrême obligeance par M. Pascal, curé du Gros-Rouvre, diocèse de Versailles, propriétaire de l'important domaine de Chadenac ; nous lui devons plusieurs autres communications qui nous ont aidé à projeter un peu de lumière sur le passé de Ceyssac.

(2) Ce vieux manoir montre aujourd'hui à deux angles une tourelle et sur le derrière un mâchicoulis établi au sommet de la muraille. L'ancienne métairie a été transformée et agrandie par les Frères de Saint-François-Régis qui ont ajouté aux bâtiments une chapelle. (Voir même chap., construction de la maison seigneuriale de Chadenac et réédification de la métairie 1699-1700).

# CHAPITRE II

## (De 1733 a 1789).

Barons de Ceyssac de la maison Gailhard ; le premier est
Thomas-Antoine Gailhard. — Sa famille, ses descendants. —
Fin de la baronnie de Ceyssac en 1789. — Mort de Thomas-
Antoine-Barthélemy Gailhard, dernier possesseur de cette
baronnie. — La famille de ces seigneurs habitait le château
de Senilhac. — Ce château appartient de nos jours à sa
descendance.

La maison de Gailhard a possédé la baronnie de
Ceyssac depuis 1733, jusqu'à la Révolution de 1789.
Le premier baron de Ceyssac appartenant à cette
famille, Thomas-Antoine Gailhard, seigneur de Couteaux, était déjà propriétaire d'importants immeubles
dans le voisinage de Ceyssac, notamment à Cenilhac
et à Farreyroles (1), immeubles qui provenaient de
l'héritage de son père. Né le 17 janvier 1689, il était
le fils de Thomas Gailhard qui fut consul du Puy en
1698 (2), et de Marie-Ysabeau Périer et le petit-fils
de Thomas Gailhard et de Catherine Guillaume (3),

(1) Contrats des 15 octobre 1694 et 26 octobre 1696, arch. dép.
Haute-Loire, minutes d'Alirol, notaire au Puy.

(2) Thomas Gailhard, père du baron de Ceyssac était marchand
dentellier au Puy en même temps que consul (1698) ; un de ses
aïeux Jacques Gailhard fut aussi consul du Puy (1407, 1426, 1427).
(Fastes consulaires du Puy-en-Velay).

(3) Catherine Guillaume appartenait à une très ancienne famille
de fondeurs du Puy (Boudon ; *Les Municipalités du Puy.*)

établis aussi au Puy. Thomas-Antoine eut plusieurs sœurs parmi lesquelles : Catherine Gailhard, née le 24 juillet 1691 qui était mariée à Antoine Célestin Duplay, baillif de la Cour commune du Puy, et une autre sœur Jeanne-Marie Gailhard qui s'allia, le 1er septembre 1715, à Pierre-Joseph de Chabanolles, seigneur des Breux. — Marié le 26 avril 1706 à Marie-Mathieuve Nolhac, fille de Georges Nolhac et de Catherine Arcis, consul du Puy en 1713, devenu plus tard secrétaire du Roi, maison et couronne de France, charge qui conférait la noblesse à son titulaire et à ses descendants, seigneur de Couteaux puis baron de Ceyssac, Thomas-Antoine Gailhard mourut, après sa femme, le 6 février 1764, à l'âge de 75 ans, ayant eu douze enfants dont plusieurs contractèrent de belles alliances, nous citerons notamment :

1º Antoine, l'aîné dont nous parlerons plus loin ;

2º Jean-Georges de Couteaux, né le 5 juillet 1712, marié le 26 juin 1736 à Marie Peyret de Rohac (nombreux enfants).

3º Jeanne-Marie de Couteaux, dame du Bouchet, née le 16 septembre 1717, mariée le 22 janvier 1741 à Jean-Baptiste Brunel de Bonneville, Président au présidial du Puy, fils de Jean-François Brunel de Bonneville et de Lucrèce de Rochebonne (nombreux descendants)

4º Jean-Joseph de Farreyrolles, officier de cavalerie, né le 19 mars 1735, marié le 27 septembre 1757 à Catherine Isidore Brunel de Montgardie ; il mourut le 2 janvier 1787, d'où postérité.

Antoine Gailhard succéda à son père en 1764 ; né en 1707, il est décédé au Puy le 26 février 1776 et a été enterré dans l'église des Pères Jacobins. De son mariage contracté le 3 février 1732 avec Jeanne-Françoise Richiout d'Adiac, il eut de nombreux enfants, nous pouvons indiquer les suivants :

1° Thomas-Antoine-Barthélemy Gailhard dont nous parlerons plus loin ;

2° Georges de Senilhac (1734-1808), marié le 14 février 1763 à Marie-Marguerite du Pin du Cœur, d'où descendance ;

3° Marie-Madeleine de Couteaux, née le 19 mai 1735, mariée le 28 septembre 1751 à Marc-Antoine de Sigaud de Chadrac, écuyer, fils de Pierre-Louis, baron de Chadrac, et de Françoise de Fèvre (une de leurs filles, Anna épousa, en 1779, Pierre-Marcellin Calemard de La Fayette, magistrat au sénéchal et présidial du Puy);

4° Pierre de Couteaux né en 1736, non marié, décédé lieutenant-colonel ;

5° Jean-Georges-Antoine-Régis de Vourzac, né le 12 juin 1739, marié le 1er février 1786 à Marie-Aymée-Clotilde-Amable Ferlut de Sauvagnac, de la ville de Saint-Flour, en Auvergne ;

6° Jean-Baptiste de Coyac (1741-1774) ;

7° Joseph de Farreyroles, prêtre, chanoine de l'église Notre-Dame du Puy, né en 1742 ;

8° Augustin-Ignace Raymond, né à Senilhac, le 31 août 1747 ;

9° Jean-François-Marc de la Roche, né en 1749,

époux de Marie-Marguerite-Élisabeth de Mailhet-Vachères, d'où postérité masculine ayant actuellement des représentants connus (1).

Thomas-Anthoine-Barthélemy Gailhard, devint baron de Ceyssac, seigneur de Couteaux, Senilhac et autres places en 1776 à la mort de son père.

On remarque qu'à cette époque le rôle du seigneur est très effacé : les communautés rurales échappent de plus en plus à son action et la justice seigneuriale, subordonnée complètement aux tribunaux royaux, ne peut plus rendre de sentences un peu importantes. Thomas-Antoine, représentant d'un régime suranné et appelé à sombrer en 1789 avec les institutions monarchiques, sera le dernier baron de Ceyssac.

Il avait épousé, le 26 mai 1761, Marianne Froment, de la paroisse Saint-Georges du Puy, d'où seize enfants. Le registre paroissial de Ceyssac du xviii^e siècle relate la mort à Senilhac, en 1762, d'Antoine-Ursule, fils de Thomas-Antoine-Barthélemy Gailhard et de Marianne Froment, et mentionne qu'il fut inhumé dans la vieille église (2).

Né le 20 mai 1733, Thomas-Antoine-Barthélemy

(1) Renseignements puisés eu partie aux Archives départementales. Haute-Loire, et dans les registres de la paroisse de Ceyssac et complétés dans les *Municipalités du Puy*, par Albert Boudon.

(2) Les Gailhard de Couteaux, barons de Ceyssac, et les Gailhard de Senilhac et de Farreyroles n'ont plus actuellement de représentants du nom. La branche des Gailhard de la Roche est seule existante (voir *Armorial général du Velay*, p. 197, par Georges Paul. Voir aussi *La France moderne*, Haute-Loire, par J. Villain, p. 251).

de Ceyssac mourut à 78 ans, en 1811, après avoir été dépossédé de ses droits seigneuriaux par la Révolution.

Les barons de Ceyssac, de la maison de Gailhard, habitaient alternativement Le Puy, ville haute, et le château de Senilhac qu'ils vendirent, avec la majeure partie des terres en dépendant, au début du xixe siècle, mais après un temps très court, le château et le domaine de Senilhac rentrèrent dans leur famille par le mariage — en 1811 — de Pierre Calemard de La Fayette (1), leur descendant, avec Élisabeth Peyronnet, fille de l'acquéreur, et de Françoise Peygoux. Ces divers immeubles sont encore de nos jours la propriété des héritiers Calemard de La Fayette (2). La vieille tour a disparu, mais il existe encore, adossée au carré d'habitation, une chapelle sans style bien marqué, plutôt romane, et de modestes proportions, dont la façade en pierre de taille porte le millésime de 1752.

(1) Pierre Calemard de La Fayette, docteur en médecine, député de la Haute-Loire (1783-1873), fils de Pierre Marcellin, magistrat au sénéchal et présidial du Puy, et d'Anna de Sigaud de Chadrac, fille de Marc-Antoine de Sigaud de Chadrac, et de Marie-Madeleine Gailhard de Couteaux.

(2) Ces héritiers sont : Fernand Calemard de La Fayette, agronome, représentant du nom au château de Chassagnon, près Langeac ; Berthe mariée à Joseph d'Arbaumont, conservateur honoraire des Eaux et Forêts au Puy ; et Jeanne, veuve du Marquis de Buyer-Mimeure, propriétaire actuelle du château de Senilhac ; tous les trois, enfants de feu Charles Calemard de La Fayette, ancien député de la Haute-Loire, Président de la Société d'Agriculture, Sciences et Arts du Puy, Chevalier de la Légion d'honneur. — Se reporter au Liv. VIII, chap. iv.

## ARMOIRIES DE LA FAMILLE GAILHARD

Nous donnons ici celles que fit enregistrer, dans d'Hozier, Thomas Gailhard, père de Thomas-Antoine, le premier baron de Ceyssac, appartenant à cette maison.

« D'argent à deux perroquets affrontés de sinople; au chef d'azur, chargé d'un soleil d'or » (Le Puy, d'Hozier, 1686).

# LIVRE IV

## LE FIEF ET LES TERRES DE LA BARONNIE DE CEYSSAC

## CHAPITRE I

Terres, dénombrements, déclarations de biens nobles (1503-
1504). — Reconnaissances féodales, investitures (1495, 1520,
1559). — Anciens compoix des années 1685 et 1695. — Mesures et fruits de la terre de Ceyssac (1520). — Porterage de
cette terre en 1584.

Le 22 février 1503, les possesseurs de fiefs et biens
nobles résidant au Puy furent astreints à faire, cha-
cun, la déclaration particulière de ces fiefs et biens
par devant le sénéchal. Ce dénombrement (1) eut lieu
dans le but de cotiser les nobles qui furent appelés,
avec la permission du Roi, à venir en aide aux habitants du Puy dont les charges avaient été reconnues
trop lourdes à la suite d'instantes réclamations des
consuls.

Les doléances des consuls du Puy n'étaient que
trop justifiées, car à cette époque, la taille annuelle et

(1) Ce dénombrement fait partie des Archives du département de
la Lozère, il a été inséré dans les *Tablettes historiques du Velay*,
t. VIII, n° 3, janvier 1878, fol. 227 à 233.

perpétuelle constituait une charge écrasante pour le peuple (1).

Nous donnons ci-dessous les déclarations concernant ceux de ces biens sis *dans le mandement de Ceyssac* :

« Premièrement, Jean Durant, marchand au Puy, tient et possède soubz le fief de M. le viscomte de Polignac (2), en son mandement de Ceyssac, certaines censes.....

« Item, Pierre Farnier, le jeune, marchand au Puy, tient au lieu de Vourzac, au mandement du dict s$^r$ viscomte, un pré noble.....

« Jacques Pélissier, clerc du Puy, tient et possède, soubz le fief de M. le Viscomte de Polignac, certaines censes au lieu de Farreyroles.....

« M$^e$ Hugues Guyonnet, licencié ès loix, baille pour le Roy de la ville du Puy, au nom de Catherine Chapusse, sa femme, tient en fief noble, au lieu du Lac, dans le mandement de Ceyssac, de M. le viscomte de Polignac, certaines censes.

« Pierre Ceyssac, dit Farnier, marchand du Puy, dict qu'il tient certaines censes, au mandement de

(1) La noblesse était exempte de taille et de l'impôt territorial; le fisc réservait ses rigueurs pour le Tiers-État et les paysans, et depuis l'établissement de la perpétuité de la taille sous Louis XI, les seigneurs, à l'exemple du Roi, avaient rendu les tailles perpétuelles dans leurs domaines. — (Ceyssac, *terre taillable*, était porté pour la somme de 153 livres, 19 sols, 6 deniers ob. dans l'assiette de la Recepte générale du Puy en 1506. (*Chron. d'Ét. Médicis*, vol. II, p. 303).

(2) Claude Armand XIV, vicomte de Polignac et baron de Ceyssac.

Ceyssac, du fief de M. de Polignac. Item, au lieu de Vourzac, même mandement, certaines censes.

« Jean Maurin, marchand au Puy, dit qu'il tient, en fief, de M. le viscomte de Polignac un prat au terroir de Ceyssac.

« Les hoirs d'Armand Botieyre tiennent de rente au lieu de Ceyssac, soubz le fief de M. le viscomte de Polignac, certaines censes.....

« Mᵉ Jacques Servientis, notaire au Puy, dit qu'il tient en arrière fief, au mandement de Ceyssac, de M. le viscomte de Polignac et aux lieux d'Eyssac, *de Vourzac* et d'Alentin et aucuns aultres, certaines censes.

« Claire d'Arlempde, vefve et relaissée de feu Pierre Bordel, tient soubz le fief de M. le Viscomte de Polignac, au lieu de Farreyroles, certaines censes.

« Blaize, Clément, homme éagé et valétudinaire, habitant du Puy, tient au nom de sa femme, au mandement de Ceyssac, certaines censes.

« Arnaud Pélissier, marchand, tient de M. le Viscomte de Polignac, au lieu de Farreyroles, certaines censes.

« Mᵉ Pierre Olieri, notaire au Puy, mary de noble Yralhe du Roux, tient de rente, soubz le fief de M. le viscomte de Polignac aux mandements de Polignac et Ceyssac, certaines censes.

« Appert de ce dessus, en un cayer papier au sac des desnombrements des nobles du Puy. »

« Dans un acte portant desnombrement des dettes actives et passives de Simon Boyer, seigneur d'Auteyrac, en date du 14 février 1504, n° 732, il est dict que le seigneur d'Auteyrac tenait du viscomte de Polignac divers immeubles à Farreyroles, au mandement de Ceyssac, un fief noble, et qu'il les tenait du dict viscomte à cause de son château de Ceyssac (1). »

Les archives de la Collégiale de Saint-Agrève fournissent les renseignements suivants, pour la période de 1495 à 1559, au sujet des reconnaissances féodales consenties à cette collégiale :

Terrier concernant les biens sis à Rochaubert, « *Farreyroles* », Pranlary, Rioux « *Broussac* » (2) et Taulhac. Citons : nobles Jean et Gilbert de Chazeaux, frères (1495, fol. 1); André Alméras, curé de Saint-Agrève (1497, fol. 4); Pierre Luquet, curé de la même église (1510, fol. 21 v°); Barthélemy Pays, clerc, receveur de l'hôpital du Puy (1559, fol. 104); Jean Froment, chirurgien au Puy (1557, fol. 117) (3).

Les inventaires de l'Évêché du Puy mentionnent, parmi les actes dressés par Pierre Maurin, notaire, au début du xvi<sup>e</sup> siècle, « l'investiture donnée par Vital Issartel, prieur de Saint-Pierre-du-Monastier, à André Hilaire, apothicaire au Puy, d'un champ sis

(1) Archives du comte de Polignac et *Preuves de la Maison de Polignac*, par A. Jacotin, vol. IV, fol. 343.

(2) De 1613 à 1614 divers habitants du même lieu de Broussac avaient souscrit des reconnaissances emphytéotiques à la même Collégiale de Saint-Agrève (Archiv. ecclés. clergé séculier, collégiale de Saint-Agrève (*Inv. somm. des arch. dép. Haute-Loire*, antérieures à 1790, par A. Jacotin), p. 151.

(3) *Inventaire sommaire des archiv. dép. Haute-Loire*, antérieures à 1790, archiv. eccl., série G, clergé séculier (A. Jacotin), fol. 150, collégiale de Saint-Agrève (481 rég.).

au territoire de « *Broussac* » (21 février 1520 n. st
fol. 292 (1).

Il y avait un compoix et cadastre du mandement
de Ceyssac, présentant l'état des propriétés territoriales, avec leur estimation, leur qualité et les noms
de ceux qui les détenaient. Le compoix établi en 1685
fut refait en 1695 : Vital Brun et Louis Faure,
notaires au Puy, furent chargés le 10 juin 1695 de
refaire ce registre conformément à la délibération de
la communauté de Ceyssac du 9 octobre 1694; il
concernait les lieux dits : Ceyssac, Cenilhac, les
Salles, Farreyroles (2), Coyac (3), Vourzac (4), Chantilhac, Broussac, la Roche-Sonnière (5), et autres
domaines en dépendant. Le compoix fait en un an,
au prix de 3,200 livres (ordonnance d'autorisation
rendue à la Cour des Aydes de Montpellier (6), le
23 septembre 1694, contient sur la fin un cahier des
biens prétendus nobles; présents : M. Jean Nyel,
prêtre de l'Église de Ceyssac; noble Jean de Chamaroux, Benoît Valentin, sieur de Frédeville, et Jacques

(1) *Invent. somm. des archiv. dép. Haute-Loire*, antérieures à 1790,
arch. eccl., série G, clergé séculier (A. Jacotin), fol. 20, évéché du
Puy (G 20, reg.).

(2) Farreyroles : Farreyrolas, 1343, J. de Peyre.

(3) Coyac : Coyacum, 1348, Saint-Agrève.

(4) Vourzac : Vorzas, 1226, Templiers du Puy, et Vourzas, 1453
collection Falcon.

(5) La Roche-Sonnière (La Rocha en 1331, J. de Peyre) — (La
Rocha Sauneyra en 1408, compoix du Puy) — (Rupés-Sauneria, 1490,
chap. Notre-Dame) — (La Roche-Sauneyre, 1598, Blanc, notaire).

(6) Cour souveraine instituée sous Charles VII par l'édit du
20 avril 1427 et établie dans la ville de Montpellier par Louis XI
(Édit du 12 septembre 1467).

Exbrayat, marchand bourgeois de la ville du Puy (1).

Les compoix terriers et les cadastres étaient considérés comme des titres très précieux pour les communautés d'habitants. Il était ordonné, en vertu d'un règlement du 11 septembre 1662, que les communautés qui feraient renouveler leur compoix seraient tenues non seulement d'en remettre une copie dans les archives du diocèse, mais encore tous les anciens étant en leur possession ou celui des particuliers.

## MESURES ET FRUITS DE LA TERRE DE CEYSSAC

A la suite d'un procès perdu devant le Parlement de Toulouse par Marguerite de Pompadour, vicomtesse douairière de Polignac (2) contre Pierre Farnier, seigneur d'Agrain, une saisie exécution eut lieu, en 1520 (3), en conformité de cet arrêt, sur les revenus (fruyts, cens, rentes, etc.), des terres de la vicomté de Polignac au profit de ce créancier. Les fruyts des châteaux et places de la viscomté furent adjugés au seigneur d'Agrain et enchérisseurs, en la qualité et aux prix et sommes qui s'ensuivent : « première- « ment, quant aux places de Polignac, Sollempnhac

(1) Archives départementales, Haute-Loire, 1695, Alirol, notaire.

(2) Veuve en 1518 du vicomte Guillaume Armand XV, elle mourut en 1528, après avoir, par son testament du 16 mai de la même année, institué son héritier universel son fils François Armand XVI, vicomte de Polignac (*Preuves de la Maison de Polignac*, par A. Jacotin, vol. III, fol. 211 et 212).

(3) V. *Preuves de la Maison de Polignac*, par (A. Jacotin, vol. IV, fol. 363 et 364, *Arch. du comte de Polignac* (expédition du xvi⁴ siècle).

« *Ceyssac*, Saint-Paulhen et Saint-Geneys et checune
« cartoneire froment ou soigle des dictes seigneuries à
« la mesure des dictes places, soit mesure censuèle ou
« droicte au prin et pour la somme de cinq solz
« tournois, et checun cestier, poge avoyne des dictes
« seigneuries de Polignac, Sollempnhac, *Ceyssac*,
« Saint-Paulhen et Saint-Geneys à la mesure d'icelles,
« au prin et pour la somme de cinquante solz tour-
« nois, checun carton orge et mixture au prin et
« pour la somme de deux solz six deniers tournois,
« checun carton fèves pour le prin et somme de
« cinq solz tournois » ; et quant aux aultres places et
« seigneuries de Beaumont, Chalencon, Craponne et
« Chomelis checun carton froment ou soigle à la
« mesure des dictes places, soit droicte, censuèle ou
« aultre, pour le prin de troys solz neufz deniers tour-
« nois, et l'avoyne, checun cestier, comptant xxviii
« ras pour cestier à raison de quarante solz tournois.

« Item. Checun muy de vin de toutes lesdictes
« seigneuries et à la mesure d'icelles, pour le prin
« et somme de cinquante solz tournois ;

« Item. Checune galline de toutes les places et
« seigneuries pour le prin et somme de xii deniers
« tournois ;

« Item. Les eufz, checun vingt d'eufz six deniers
« tournois ;

« Item. Checune livre de cire, à raison de trois solz
« et neufz deniers tournois ;

« Item. Checune livre de poyvre, à raison de huit
« solz tournois ;

« Item. L'argent des dictes places pour argent ».

A Ceyssac comme dans une grande partie du Velay les terres qui n'étaient pas tenues par des censitaires ou exploitées en régie directe étaient données à ferme, et, en temps normal, les fermages se mettaient en rapport avec le prix de vente des produits du sol et le taux de l'argent.

Le louage des terres (bail temporaire à ferme ou à métairie) a une origine fort ancienne qui mérite d'être rappelée.

Avec le système féodal, les propriétés territoriales étaient au pouvoir des familles seigneuriales. Au début de ce régime, établi définitivement en France dès le ix<sup>e</sup> siècle, il n'y avait pas de place pour le bail à ferme ; il n'existait que des seigneurs propriétaires du sol et des serfs travaillant les terres pour leurs maîtres. Plus tard, dans un but intéressé, les seigneurs affranchirent souvent leurs serfs et leur concédèrent des terres à cultiver moyennant une redevance en fruits ou en argent, alors on vit apparaître des baux à cens et à rente ; ce fut l'avènement des serfs à la liberté, à la propriété.

Au xii<sup>e</sup> siècle, le mouvement des affranchissements des serfs s'étendit et se généralisa et c'est à cette même époque que, pour la première fois dans notre histoire, apparut le bail temporaire, soit à ferme, soit à métairie. Ce contrat ne pouvait exister, en effet, que là où vivait une population de cultivateurs libres (1).

Cette période d'affranchissement des hommes de

_______________

(1) Voyez Dalloz, *Rép. de législation, doctrine et jurisprudence,* vol. **XXX.**

la glèbe et l'affaiblissement graduel du régime féodal qui, à l'origine, « avait pour type la servitude domaniale » (1), ont grandement favorisé la division de la propriété foncière. Dans le Velay, cette division et le peu d'importance en général des exploitations agricoles facilitèrent l'établissement du bail à ferme, car le fermier n'avait pas alors besoin pour s'établir d'avances bien considérables (2). Ce mode de location des terres devint d'une application très fréquente à la suite de la révolution économique qui rendit l'argent plus commun et grâce aussi au rétablissement de l'ordre public et aux progrès sociaux qui permirent aux populations rurales de former librement quelques capitaux. « La liberté et la propriété sont solidaires, elles devaient naître et grandir ensemble », a dit M. Dareste de la Chavanne. Avec le développement des libertés, la propriété deviendra de siècle en siècle plus accessible à tous; beaucoup de fermiers arriveront à posséder le sol qu'ils cultivent; ils obtiendront un tel résultat par leur indomptable énergie, leur labeur opiniâtre et leur économie, cette vertu dominante du paysan. Aux xviie et xviiie siècles on constatait qu'un très grand nombre d'habitants des campagnes étaient devenus propriétaires, et, de nos jours, nous voyons

(1) Augustin Tierry, *Tiers-État*, chap. 1er.

(2) Le propriétaire ne fournissant rien que sa terre, il est nécessaire que le fermier supporte les frais d'exploitation, qu'il ait des chevaux, des bestiaux, des instruments de culture, etc. Au contraire, dans le bail à métairie ou à colon partiaire, le paysan n'a à apporter que son travail et ses soins.

que la terre est passée, en majeure partie, aux paysans qui sont actuellement les principaux soutiens de la prospérité nationale.

En 1517 comme en 1520 le paysan de Ceyssac donnait ses soins à la culture du froment, car nous lisons dans les Chroniques de Médicis, vol. I<sup>er</sup>, p. 288, que « l'an xdxvii, on mangea du pain de blé « nouveau, le viii<sup>e</sup> jour de juing, au lieu de Ceyssac « à une lieue du Puy ».

### PORTERAGE DE LA TERRE DE CEYSSAC

Le porterage était une redevance personnelle due par chaque feu à raison du domicile comme si l'on disait par chaque porte, la partie se prenant pour le tout qui est la maison ; il y a des lieux où l'on paie une poule par feu, gallicum foci (Chabrol, *Coutumes d'Auvergne*, t. VIII, p. 484). Par son testament du 15 février 1584, rédigé à l'abbaye de Montmartre, près Paris, Louis Armand XVII, vicomte de Polignac, avait fait donation à la Brosse son veneur, pour en jouir sa vie durant, du porterage de sa terre de Ceyssac, aux profits et droits accoutumés (1).

---

(1) *Preuves de la Maison de Polignac* (A. Jacotin), vol. III, fol. 89 et 90.

CEYSSAC                    *(Cliché de M. l'abbé Pascal)*
Ancienne église (XII<sup>e</sup> siècle).

# LIVRE V



---

## CHAPITRE PREMIER

L'ancienne église de Ceyssac (style latin et roman, xii<sup>e</sup> siècle).
— L'ancien cimetière. — Le Prieuré-cure. — Liste des
Prieurs-curés de Ceyssac. — Les vieux registres parois-
siaux. — Villages et domaines composant la paroisse avant la
Révolution.

### L'ANCIENNE ÉGLISE DE CEYSSAC

L'ancienne église de Ceyssac, vocable de Saint-Jean-
Baptiste (Eccles. paroch. S. Johannis de Ceyssaco,
1474, Maltrait) est très intéressante au point de vue
archéologique; elle figure d'ailleurs au *Recueil administratif* de la Haute-Loire, année 1875, n° 27, parmi
les édifices susceptibles d'être classés au nombre des
monuments historiques.

Le sanctuaire occupe le fond d'une grotte et le reste
de l'église est construit entre deux coulées volcaniques qui ont dispensé de bâtir des murs latéraux;
on s'est contenté de jeter une voûte en berceau entre
ces deux parois naturelles. Cet étrange et curieux
édifice du xii<sup>e</sup> siècle ne laisse sortir du rocher que sa

façade principale et les façades des deux chapelles latérales qui paraissent avoir été remaniées, mais la porte est franchement romane ; elle est accostée de deux colonnettes dont les chapiteaux sont ornés l'un de simples feuillages, l'autre d'une tête aux deux angles extérieurs (1).

Cette église propriété de la famille Lobeyrac (2) depuis le 23 thermidor an IV, a continué d'être affectée au culte jusqu'en 1873, époque à laquelle elle a été abandonnée pour un nouvel édifice construit à l'entrée du bourg. Après avoir été délaissée et avoir même servi de grange pendant quarante ans, elle a enfin — en 1913 — été l'objet d'importantes réparations qui ont conservé ce vieux monument pour l'avantage des arts et l'intérêt des savants. Les travaux de réparation ont débarrassé la vieille église

(1) Voir l'*Architecture religieuse à l'époque romane dans l'ancien diocèse du Puy*, par Noël Thioller (1893).

(2) C'est M. Nicolas Lobeyrac, Président du Tribunal civil du district du Puy, qui avait acquis de la nation par un acte administratif de vente du 23 thermidor, an IV (10 août 1796), « la ci-devant Eglise paroissiale de Ceyssac, sacristie, petite place, cimetière, y compris l'emplacement d'une masure de clocher ainsi qu'une maison en mauvais état dite « l'assemblée et curtillage jouie en 1790 par les filles d'assemblée de Ceyssac ». Nicolas Lobeyrac et son frère aîné Louis-Marcellin Lobeyrac, chanoine de Notre-Dame du Puy, possédaient d'importants immeubles dans le mandement de Ceyssac. Leur père Claude-Louis avait épousé, le 3 août 1724, Anne-Marie Pichot fille de Jacques-Antoine Pichot, propriétaire à Ceyssac et à Clary, Procureur au Sénéchal et présidial du Puy.

Les héritiers de cette ancienne famille, originaire du Puy, sont Mademoiselle Marie Lobeyrac et sa sœur Madame Louis Paul, née Lobeyrac, dernières du nom, et Mademoiselle Marie Chevalier leur cousine. — Voir Chap. 1 du Livre VIII « Maires de Ceyssac ».

romane d'un crépissage fâcheux ; une voûte en pierres
de taille a été de la sorte heureusement mise à jour.
On a découvert aussi du côté de l'évangile, sur un
mur de soubassement suivant le plan du mur latéral
de gauche de la nef, à la hauteur de siège, trois colonnettes rondes et leurs chapiteaux soutenant des
pleins cintres dans l'intérieur desquels le rocher
paraît à nu. Du côté de l'épître, les réparations ont
fait apparaître quatre colonnettes carrées, géminées
en profondeur, surmontées également de chapiteaux
et de pleins cintres. Ces colonnettes de droite et de
gauche, avec leurs chapiteaux sculptés, sont d'un
gracieux effet dans un ensemble d'un caractère
sévère.

L'ancienne chapelle de Saint-Antoine, à gauche en
entrant, est aujourd'hui murée ; elle était entièrement
détruite lorsque M. Borie, prieur de Ceyssac, la fit
reconstruire en 1732 (1). C'était une chapellenie à la
collation, en 1760, du vicomte de Beaune, seigneur
de Bouzols. La chapelle de la Vierge qui faisait face
à celle de saint Antoine existe toujours, elle a la
forme d'un trapèze.

Dans la nef de l'ancienne église paroissiale, on
remarque, sur une pierre d'angle, le millésime de
1778 ; à l'extérieur, en haut du clocher à trois arcades,

(1) Voir reg. paroissial de Ceyssac (xviii° siècle) ; le prieur de
Ceyssac, M. Borie bénit la chapelle de Saint-Antoine, après sa reconstruction, le second dimanche de Carême 1732. Le 8 juin de la
même année, il bénit une autre chapelle et un autre tableau des
S. S. Mary et Fidelle qu'il avait fait faire en 1730 (note du 8 juin
1732).

(veuf de ses cloches depuis 1873), est inscrit celui de 1820, date de la reconstruction de ce clocher (1).


## L'ANCIEN CIMETIÈRE. — LE PRIEURÉ


En face de l'église, on voit encore l'ancien cimetière (2), de modestes dimensions, qui laisse entre-voir la crète de quelques tombes oubliées et enter-rées dans une végétation de hasard ; désaffecté le 17 septembre 1894 à cause de son insuffisance et de sa proximité des habitations, aucune inhumation n'y a été faite depuis lors. A cet humble cimetière en a succédé un autre, beaucoup plus grand, qui a son emplacement en dehors de l'agglomération communale.

La cure de Ceyssac constituait un bénéfice qui était un prieuré dont le revenu contribuait à l'entretien du clergé paroissial et aux frais du culte. Le prieuré rapportait 325 livres d'après un pouillé du diocèse du Puy de 1727 (3) ; il était en 1384 et 1762, et jusqu'en 1789, à la nomination de l'évêque du Puy : curé séculier auquel était adjoint un vicaire (4).

(1) Il n'existait en 1796 qu'une masure de clocher (se reporter à l'acte administratif de vente du 10 août 1796 (23 thermidor an IV), déjà mentionné, en note, à la page 104.

Le clocher n'avait que deux arcades au xvii⁰ siècle.

(2) Vestiges de l'époque romaine, vieux cimetière, chap. ii du Livre Iᵉʳ.

(3) Pouillés de l'Eglise du Puy des 1516 et 1727 ; — *Chronique d'Etienne Médicis*, vol. II, fol. 169 et note 17 de ce même folio.

(4) Vicaire, voir plus loin même chapitre ; se reporter également au Livre II, chap. vi (assaut du château de Ceyssac en 1590).

L'église paroissiale qui faisait partie de l'archiprêtré de Saint-Paulien en 1384 et de celui de Solignac dès 1516, fut placée au cours du XVIIIe siècle dans la circonscription du nouvel archiprêtré du Puy (1).

Le bâtiment du prieuré (2) démoli à la fin de 1908 parce qu'il menaçait ruine se trouvait dans le quartier de l'église, confrontant levant et midi du château, il ne laisse plus voir aujourd'hui que l'empreinte de sa silhouette évanouie. A l'époque de sa démolition, il était le logis de la religieuse et ses deux voûtes abritaient, en même temps, l'assemblée ; c'était une demeure qui respirait la vétusté et avait un cachet original : appendu sur un des pans du rocher, pour ainsi dire accroché à ses flancs « comme un nid d'hirondelles au toit de chaume » (3), ce presbytère aérien ajoutait à la beauté et au pittoresque du panorama, aussi est-il très regrettable que la maison de l'assemblée n'ait pu être reconstruite au même endroit. La construction (4) actuelle qui

(1) Pouillés de l'Église du Puy des 1516 et 1727 ; — *Chronique d'Etienne Médicis*, vol. II, fol. 169 et note 17 de ce même folio.

(2) Le bâtiment du prieuré, avec ses dépendances, avait été acquis aussi en 1796 pour le compte de M. Nicolas Lobeyrac (se reporter à un deuxième acte administratif de vente en date du 11 août 1796 (24 thermidor an IV). Vente Hostin. Archiv. dép. de la Haute-Loire.

Après la Révolution, les curés continuèrent à habiter la maison « du prieuré » jusqu'en 1873, date à laquelle ils s'installèrent pour ne le plus le quitter dans un nouveau presbytère construit à côté de l'église moderne, à l'entrée du bourg (voir chap. 1er du Livre VIII).

(3) Léon Giron, *Souvenirs sur Ceyssac* « Les Fontaines », 1913.

(4) Depuis la construction de l'assemblée sur l'ancienne place de l'église, cette petite place a été l'objet d'une clôture qui ne permet plus aux habitants de s'y répandre comme autrefois et d'accéder à la vieille église.

s'élève sur l'ancienne place de l'église, revêt un caractère entièrement moderne, elle forme un contraste de mauvais effet avec la vieille église romane, ce bijou d'archéologie à côté duquel elle a été édifiée, et jette dans l'admirable paysage de Ceyssac une tonalité vraiment choquante.

Voici les prieurs-curés de Ceyssac que nous avons pu retrouver :

Gozabaud (Gabriel), en 1471 ; il consentit, le 1<sup>er</sup> juin 1471, à Etienne Delolme, prêtre, un bail à rentes des revenus et dîmes de la cure de Ceyssac pour le prix annuel de neuf livres, six sous et huit deniers tournois (1). Nous ignorons pendant combien d'années ce prieur gouverna la paroisse.

Dugone, de 1682 à 1709 ; il fut inhumé dans son église, près du sanctuaire, le 30 octobre 1709 (2).

Porral, chanoine, de 1709 à 1720.

Boric, de 1720 à 1752. Entre 1752 et 1757, l'intérim de la cure est fait par l'abbé Bernard qui a le titre de curé commis.

Pons de 1757 à 1772, date à laquelle il devient curé de Saint-Pierre-du-Monastier au Puy. — Iraiih, de 1772 à 1792 ; il vit bénir, le 15 septembre 1785, la troisième cloche de l'église, cette bénédiction fut donnée par le chanoine Louis-Marcellin Lobeyrac, délégué à cet effet par l'évêché du Puy, en présence de Thomas-Antoine Barthélemy Gailhard de Cou-

(1) Archiv. dép. de la Haute-Loire, antérieures à 1790, *Inventaire sommaire*, archiv. eccles. clergé séculier, série G — Evêché du Puy page 15, par A. Jacotin).

(2) Registres paroissiaux de Ceyssac (xvii<sup>e</sup> et xviii<sup>e</sup> siècles).

teaux, baron de Ceyssac, et de son épouse Marianne Froment, qui en étaient parrain et marraine, et au milieu d'une grande affluence de fidèles (1). Le baptême d'une cloche était alors une solemnité importante pour la population de nos villages ; les habitants tenaient beaucoup à leurs cloches qui étaient comme un organe de la communanté, car elles marquaient pour eux les heures de la prière, du travail, du repos, de la délibération, de l'alarme... elles célébraient leurs naissances, leurs mariages, leurs deuils !

Le prieur Irailh signe pour la dernière fois les documents de la paroisse au mois de février 1792 (2), on y trouve, dès le mois de mai de la même année, la signature de l'abbé Breysse curé constitutionnel (3) qui, figure, avec ce titre, sur le rôle foncier pour le territoire de Ceyssac, exercice 1792, articles 204 et 205 (impôts concernant les immeubles de l'ancien prieuré).

Parmi les nombreux vicaires ou prêtres habitués de l'église avant la Révolution, nous avons retenu les noms de deux d'entre eux qui se sont plus particulièrement signalés par leurs mérites et un long ministère à Ceyssac : 1° Jean Nyel, prêtre habitué de

(1) Registres paroissiaux de Ceyssac (xvii et xviiie siècles).

(2) L'abbé Musnier, vicaire de l'ancien prieur Irailh, signe les actes du registre de la paroisse de Ceyssac après le 7 février jusqu'au mois de mai 1792.

(3) L'abbé Breysse était du petit nombre de prêtres qui avaient adhéré à la constitution civile du clergé établie par les lois des 12 juillet et 21 août 1790. Cette constitution fut définitivement abandonnée en 1801 à la suite du concordat qui rétablit le culte catholique en France.

la paroisse pendant plus de 45 ans, enterré, à l'âge
de 87 ans, le 10 avril 1725, dans l'église de Ceyssac,
près du sanctuaire ; il appartenait à une ancienne
famille de Ceyssac, qui s'allia en 1744 à la noble
maison de Lescure, du même lieu. 2° vénérable
Jean de la Chassagne, prêtre, vicaire de 1727 à 1740,
décédé le 11 octobre 1740 à l'âge de 80 ans, et qui
fut inhumé, le lendemain, dans l'église de Ceyssac,
à la tombe de MM. les prêtres (1).


### LES VIEUX REGISTRES PAROISSIAUX


On sait qu'avant 1789, les registres paroissiaux
relatant les baptêmes, mariages et sépultures étaient
rédigés par les curés qui, à cette époque, étaient dans
les bourgs et villages, l'organe de la Loi, en faisant
connaître aux habitants assemblés au prône de la
messe paroissiale, les actes de l'autorité supérieure (2).

Les registres paroissiaux qui servaient d'état civil
ont tous été transférés dans les mairies après la
Révolution. Certaines localités possèdent ainsi des
registres qui remontent au milieu du xvie siècle, mais
en général, ils ne datent que de Louis XIV. Ceux de
Ceyssac remontent à 1682, ils ont été conservés
jusqu'à présent à la mairie où nous les avons com-
pulsés utilement.

(1) Extrait des registres paroissiaux (sépultures) de Ceyssac,
xviiie siècle.

(2) Ce ne fut seulement qu'à partir de François Ier, que ces registres
commencèrent à être tenus régulièrement.

## VILLAGES COMPOSANT LA PAROISSE

Nous indiquons ci-dessous les villages composant la paroisse en 1760, en faisant connaître, comme pour Ceyssac, les différentes transformations du nom de chacune d'elles.

*Broussac.* — En 1305 Brossac (Saint-Georges du Puy), en 1514 Brossacum (J. Boyer, notaire), en 1618 Brusac (Leblanc, notaire).

*Chantilhac.* — En 1298 Chantilhac (inventaire de Saint-Mayol), et en 1614 Champtillac (Brunel, notaire).

*Senilhac.* — En 1343 Senilhac (J. de Peyre, notaire), en 1587 Cenilhiac (Sigaud, notaire), Cinilhac en 1613 (Brunet, notaire), Cenilhac en 1695 (Cadastre de Ceyssac) (1).

Les domaines isolés à la même époque étaient :

*Clary.* — En 1495. Claris (Collect. César Falcon), en 1630 la metterie de Clary (Brunel, notaire) — en 1693 et 1695, domaine de Claris (Alirol, notaire) (2).

*Les Salles.* — En 1561. Les Salles (Savin, notaire).

*La Crebade.* — En 1693. La Crebade (Alirol, notaire).

*La Peyreyre.* — En 1745 La Perreyre-lez-Ceyssac (Haute-Loire B. 58). La Payrère, xviiie siècle (Cassini).

---

(1) Senilhac, terre seigneuriale ; Liv. Ier, chap. ii (en note, vestiges d'antiquités romaines) ; Liv. II, chap. vii ; — Liv. III, chap. ier et ii ; — Liv. VI, chap. i et Liv. VIII, chap. iv.

(2) Clary, source du Riou-Pezouillou, Liv. VIII, chap. ii.

*Fillère.* —   Chadenac   était alors un fief hommagé à la terre de Ceyssac) (1).

(1) Chadenac, seigneurie, metterie : Liv. II, chap. II ; — Liv. III, chap. 1er ; — liv. VI, chap. 1er.

# LIVRE VI

## LES FAMILLES NOBLES A CEYSSAC
### AUX XVIIᵉ ET XVIIIᵉ SIÈCLES — SÉPULTURES DU TEMPS

---

## CHAPITRE PREMIER

Les nobles familles de Chamaroux et de Lescure à Ceyssac. —
Sépultures dans l'ancienne église Saint-Jean-Baptiste.


Ceyssac qui, dès le xiᵉ siècle, possédait des
seigneurs auxquels il avait donné son nom et qui
était le séjour de chevaliers et hommes et dames
nobles (1) dont les descendants y vécurent dans la
suite des temps, ne renfermait plus, à la fin du règne
de Louis XIV, que deux familles nobles, et les barons
successeurs des Polignac aux xviiᵉ et xviiiᵉ siècles, rési-
daient à Chadenac ou à Senilhac quand ils n'habitaient pas leurs hôtels de la ville haute au Puy.

L'existence des familles de Chamaroux et de
Lescure est révélée par les registres paroissiaux de

---

(1) Castrum quod vocatur Ceyssac. — *Nobiles de Cheissac*
xiᵉ siècle, *Chroniq. de s. Petri anic.)* et *chroniq. de S. Pierre du
Monastier*, publiée dans le cartulaire de l'abbaye de ce nom, page 161,
nᵒ C. C. C. C. XXIII = 1031-1053); et Chabron, *Histoire de la
Maison de Polignac*, liv. V, chap. 11.

Ceyssac des xvii<sup>e</sup> et xviii<sup>e</sup> siècles où leurs divers membres sont mentionnés (1).

Jean de Chamaroux, sieur de Borne, marié à Barbe, Françoise de Dorette, prouvé par l'acte de mariage du 17 février 1683 de leur fille Jeanne avec Ignace Musnier, fils de François Musnier, procureur d'office de Ceyssac et d'Agnès Dionnet.

Louis de Chamaroux, fils du précédent, époux d'Elisabeth d'Achier, du lieu de Solignac, est indiqué dans l'acte de mariage précité du 17 février 1683, comme témoin de sa sœur et habitant à Ceyssac, et, plus tard il apparaît aussi en qualité de témoin, avec sa mère dame Barbe Françoise de Dorette, dans un acte de mariage du 6 février 1695, par lequel sa sœur Suzanne s'unit à noble Jean-François Dessuat, sieur de Freyssenet, écuyer, fils de feu François Dessuat et de demoiselle Catherine Hugon, de Saint-Georges-d'Aurac, en Auvergne.

Louis de Chamaroux de Beaux, sieur de Borne, et Elisabeth d'Achier eurent huit enfants ; deux fils

(1) Registres paroissiaux de Ceyssac des xvii<sup>e</sup> et xviii<sup>e</sup> siècles (arch. de la commune). La famille de Chamaroux est signalée à Ceyssac en 1639 ; M. de Borne, noble de Ceyssac, fit partie du ban de la noblesse convoqué l'an 1639 par le Sénéchal du Puy pour la campagne d'Espagne et la conquête du Roussillon (Arnaud, *Histoire du Velay*, volume II). Cette famille tire son nom du lieu de Choumouroux près Yssingeaux (Chamaroux, Chamarroux, Chomoroux, Choumouroux, Chaumouroux). La branche établie à Ceyssac était celle des Chamaroux de Beaux et de Borne (Voyez l'*Armorial général du Velay*, par G. Paul ; *Armorial de la noblesse du Languedoc*, Généralité de Montpellier, par de La Roque, vol. I, fol. 134, ainsi que les Armoiries de Louis de Chamaroûx de Beaux, sieur de Borne, à la page 116).

Nicolas né le 3 octobre 1690 et Etienne né le 19 février 1702, décédés tous deux sans postérité et six filles parmi lesquelles Françoise née le 17 février 1693 qui épousa le 9 février 1712 à Ceyssac, noble Jean-Baptiste de Lescure, fils de noble Robert de Lescure (1), seigneur de Theimet écuyer, et de feue Marie de Chabanes, mariés à Theimet, paroisse des Laubies (2), diocèse de Mende.

Louis de Chamaroux avait marié aussi, mais long-temps avant, sa fille aînée Jeanne à noble de Beaux, sieur de Vaunac, dont le fils Balthazar s'allia, le 8 janvier 1724, à Marie-Augustine Chambon de Chadenac. La famille de Chamaroux possédait à Ceyssac une maison que continua d'habiter la famille de Lescure, et qui présentait, en 1695, deux tour-nelles à la cime de chaque coin (3).

Louis de Chamaroux portait écartelé au 1ᵉʳ et 4ᵉ

(1) La famille de Lescure tire son nom de Lescure, dans la baronnie de Mercœur, mandement et paroisse de Saugues en Gé-vaudan, armoiries « d'azur au lion couronné d'or, à l'orle de onze besants de même ». (*Arm. gén. du Velay*, par G. Paul).

Blason des Lescure de Saint-Denis en Gévaudan : « De gueules au lion d'argent, entouré de huit besants de même en orle ». (*Arm. de la Noblesse du Languedoc*, Généralité de Montpellier, par de La Roque, vol. II, p. 122).

(2) Les Laubies appartiennent comme Saint-Denis en Gévaudan, au canton de Saint-Amans, arrondissement de Mende (Lozère).

(3) Archives de M. de Causans (1695).

Aujourd'hui, il ne subsiste plus de cette habitation seigneuriale qu'un petit bâtiment clôturant la propriété de Mˡˡᵉ Lobeyrac et au-dessus duquel se dresse une cheminée tronconique en pierres de taille, paraissant remonter à une époque très ancienne. En arrivant à Ceyssac, par la route du Puy, les regards sont immé-diatement attirés par cette curieuse cheminée.

d'azur à trois chevrons d'or bordés de sable au 2ᵉ et 3ᵉ de gueules à un mouton d'argent paissant de sinople et un chef de gueules, chargé d'une rose d'argent (1).

Jean-Baptiste de Lescure et sa femme s'établirent à Ceyssac où naquirent leurs enfants ; ils en eurent neuf dont deux qui se sont mariés et ont résidé à Ceyssac, savoir : 1° *Jean-Louis de Lescure* (qui suit), né le 13 avril 1716 ; il épousa, en 1741, Marguerite Eyraud, fille de Jean et de Louise Perrier, de Vergezac ; 2° *Catherine de Lescure*, née le 23 octobre 1723, mariée en 1744 à M. Nyel, de Ceyssac, et décédée dans ce bourg, le 26 décembre 1786, avec postérité (son premier enfant) Jacques-Antoine est né à Ceyssac, le 2 octobre 1745).

Jean-Louis de Lescure (1716-1762), et Marguerite Eyraud (qui mourut en 1780), étaient fixés à Ceyssac où ils eurent quatre filles, dont l'une Louise (1742-1768), avait épousé en 1764, Louis Mazon, du Monastier, et n'a pas laissé de descendants (2).

De nombreux représentants des familles de Chamaroux et de Lescure eurent leur sépulture dans l'église de Ceyssac ; les prieurs, dans leurs actes de décès, disent : « enterré dans l'église à la tombe de ses parents et prédécesseurs », sans préciser dans quelle chapelle. D'après la tradition locale, ces tombes seraient au creux du rocher, là où se trouvait en dernier lieu la sacristie.

Nous ne pouvons dire si la vieille église Saint-Jean-

---

(1) *Armorial général de France*, Velay, 1696).
(2) Registres paroissiaux de Ceyssac (xviiiᵉ siècle).

Baptiste a été jadis la sépulture de membres de la maison de Ceyssac et des autres nobles habitant ce lieu, attendu que les vieux documents qui nous sont passés sous les yeux ne relatent ni fondation ni même une indication à ce sujet, et que, d'autre part, les registres paroissiaux légalement établis sous François I<sup>er</sup> par l'édit de 1539, ne remontent pour Ceyssac qu'à 1682, ainsi que nous l'avons dit précédemment.

Les seuls seigneurs de Ceyssac enterrés, avec certitude, dans la vieille église (chapelle du Saint-Rosaire), sont : Jean-Baptiste Chambon (1720) et son fils André-Dominique (1783), tous les deux décédés à Chadenac.

Les membres de la famille Gailhard de Couteaux avaient leurs tombeaux dans l'église des pères Jacobins de Saint-Laurent au Puy, et, les registres paroissiaux de Ceyssac ne mentionnent, parmi eux, comme inhumé dans l'église de Ceyssac, qu'Antoine-Ursule Gailhard, fils de Thomas-Antoine-Barthélemy Gailhard de Couteaux, baron de Ceyssac (1762) (1).

En dehors des maisons nobles et du clergé dont nous avons parlé, plusieurs familles d'ancienne bourgeoisie avaient leur sépulture dans l'église de Ceyssac dont elles étaient les bienfaitrices. Nous pouvons indiquer, toujours d'après les mêmes registres de la paroisse, les sépultures de ces familles.

La chapelle Saint-Valère (qui n'existe plus aujourd'hui), était affectée à la famille Alirol; nous avons

---

(1) Antoine-Ursule Gailhard mourut à Senilhac, le 20 octobre 1762 et fut inhumé le lendemain dans l'église paroissiale de Ceyssac.

relevé que treize de ses membres y avaient été enterrés de 1690 à 1774 ; les deux premiers furent dame Mathieu Alirol, née Marie Bérard (16 juin 1690), et peu après le 14 janvier 1691, Mᵉ Mathieu Alirol, veuf de celle-ci, praticien de Ceyssac. Leur fils André, lequel figure aussi dans divers actes comme praticien de Ceyssac, fut enterré, le 5 mars 1743, dans la même chapelle, tombeau qu'il fit faire lui-même, fondé de vingt sols annuels (renseignements fournis par l'acte de décès Alirol du même jour) (1).

L'ancienne chapelle Saint-Antoine renfermait les sépultures de la famille Pons, parmi lesquelles nous signalerons celle du Révérend Père André Pons, cordelier, docteur en théologie et Père de Province, décédé à 62 ans et enterré le 17 juin 1762, ainsi que celle de son parent François-Dominique Pons, bourgeois habitant le lieu et paroisse de Ceyssac, décédé à 53 ans (29 avril 1768).

Nous avons relevé également sur les mêmes registres, les inhumations dans l'église, mais sans indication de la chapelle : 1ᵒ de Mᵐᵉ Musnier-Besson, née Catherine Roche (2 décembre 1692) ; 2ᵒ d'Anne Franche-Coste, de Ceyssac, nièce de M. Borie, prieur-curé de Ceyssac (22 janvier 1743), et de Marie-Claude Franche-Coste, épouse de Martin Cuoq, de Ceyssac (1ᵉʳ février 1764).

---

(1) Son fils Pierre Alirol, époux de Marie Montagnac, est décédé à 68 ans, à Ceyssac, avec postérité ; il a été inhumé à la tombe de son père, le 10 juillet 1766 (Registre paroissial de Ceyssac, xviiiᵉ siècle).

# LIVRE VII

## L'ADMINISTRATION A CEYSSAC SOUS L'ANCIEN RÉGIME

---

## CHAPITRE PREMIER

Administration de Ceyssac avant 1789. — Justice. — Notaire
public. — Greffe de la Terre et seigneurie. — Procureurs
d'office. — Fourches patibulaires. — Communautés d'habitants et assemblées générales. — Éxcès des tailles et impôts
accablants pour les communautés. — Consul de Ceyssac, il
il était élu pour un an par les habitants.

Après avoir parlé du château et de l'église et avoir
essayé d'en retracer l'histoire à travers les âges, au
moyen de documents disséminés un peu partout, il
nous paraît intéressant de continuer, en disant un
mot sur l'administration de Ceyssac avant la Révolution.

Ceyssac fief vassal de la vicomté de Polignac en
1789 (1), était compris dans la province du Velay et

(1) *Dictionnaire topographique de la Haute-Loire*, par Chassaing
et Jacotin, p. 51.

dans le ressort de la sénéchaussée et siège présidial (1) du Puy ; il relevait, sous le rapport financier, de la généralité de Montpellier (2).

La justice était seigneuriale et le baron de Ceyssac nommait les officiers de sa judicature.

Auprès du juge seigneurial, instrumentaient le procureur et le greffier. Un notaire public rédigeait les actes et les contrats.

Lorsque les vicomtes de Polignac tenaient la baronnie de Ceyssac, le bailli de Polignac étendait sa juridiction sur Ceyssac considéré comme annexe de la vicomté ; en 1272, Etienne de Villaret est qualifié de « baile de Polignac et de Ceyssac » dans une charte dont nous avons parlé précédemment (3).

Au cours des années 1503, 1504 et 1505, Johannès Mutonis était notaire public de Ceyssac, il est mentionné, avec cette qualité dans un acte relatant l'investiture donnée le 25 décembre 1505, par Guillaume Armand XV, vicomte de Polignac, à Jacques de Combladour le jeune, des censives à percevoir dans le village de Fay-la-Triouleyre, près le Puy (4).

Les fonctions de greffier de la terre et seigneurie

---

(1) La sénéchaussée du Puy avait été érigée en 1558 ; le Sénéchal était le chef de la noblesse et de la justice. Le siège présidial du Puy dont la 1er création remontait à cette même année 1558, fut rétabli par un édit de Louis XIV en octobre 1689, édit qui supprima, en même temps, les baillages du Velay et de Montfaucon.

(2) Le diocèse du Puy avait été réuni à la généralité de Montpellier par lettres patentes d'Henri II du 18 décembre 1552.

(3) Se reporter au liv. II, chap. III.

(4) *Preuves de la Maison de Polignac*; Johannès Mutonis, notaire public de Ceyssac, vol. II, fol. 385 à 387.

de Ceyssac étaient remplies, dès 1584, par Sigaud.
Par son testament du 15 février 1584, Louis-Armand XVII, vicomte de Polignac, avait légué à
Sigaud, sa vie durant, le greffe de cette baronnie (1).

En 1636, le greffe de Ceyssac avait pour titulaire
le sieur Brunel qui mourut en 1639. Dans un état
détaillé des revenus et charges de la vicomté de
Polignac ; « dénombrement du revenu de Mgr le
vicomte de Polignac, qui commence depuis le soir de
Saint-Michel », on trouve, parmi les revenus inscrits,
la somme de xlv l., versée pour le greffe de Ceyssac
par le dit Brunel (2).

En 1687, André Chambon était procureur d'office
de Ceyssac ; il avait succédé, dans cette fonction, à
François Musnier dont le fils Ignace avait épousé,
le 17 février 1683, Jeanne de Chamaroux, fille de
Jean de Chamaroux, sieur de Borne, et de Barbe
Françoise de Dorette (3).

Le procureur d'office était un officier exerçant les
fonctions du ministère public dans la justice seigneuriale, on l'appelait procureur d'office parce qu'il pouvait agir « ex-officio »; c'est-à-dire de son propre
mouvement, sans aucune instigation des parties.

L'emploi de praticien de Ceyssac était alors
occupé par la famille Alirol dont nous venons de parler au sujet des sépultures de la vieille église. Mathieu
Alirol et son fils André postulèrent successivement

(1) *Preuves de la Maison de Polignac*, vol. III, fol. 90.
(2) Id., vol. IV, fol. 498 (n° 794).
(3) Extrait des registres paroissiaux de Ceyssac des xviie et xviiie siècles.

dans la justice de Ceyssac aux XVIIe et XVIIIe siècles (1).

Les fourches de justice de la baronnie de Ceyssac étaient en haut de la montagne de Croustet. C'est à Croustet (2), que se faisaient les exécutions des condamnés. Jadis, on dénommait la potence ou gibet « fourches patibulaires ».

La communauté des habitants, dans les villages, a été la première forme de la société; il n'y a pas de bourgade qui, à l'instant même de sa formation, n'ait reconnu la nécessité de cette association ainsi que d'une première administration intérieure; « c'est sur cette première assise, à dit M. Henrion de Pansey, que les législateurs des nations ont élevé l'édifice social ». Sous l'ancienne monarchie, la communauté d'habitants c'était le corps des habitants d'un bourg ou d'un village considérés collectivement pour leurs intérêts communs. Ces associations rurales avaient reçu *de la coutume* une organisation municipale rudimentaire (3), car l'organisation municipale jusqu'à la fin de l'ancien régime avait un caractère strictement urbain et ne s'étendait pas aux campagnes. L'unité élémentaire était la paroisse; ce fut d'abord l'autorité ecclésiastique qui réunit les habitants pour les faire contribuer aux dépenses et à l'entretien de l'église et

(1) Extrait des registres paroissiaux de ces époques.

(2) Croustèt : (Crosteilhs, XVIe siècle, *Chronique d'Et. Médicis*); en Crostelhs, 1533, — Dompnin, notaire) ; (Crostel, 1618, Leblanc, notaire); Crosteil, 1695 cadastre de Ceyssac). Croustet était un lieu de péage de la vicomté de Polignac (Et. Médicis, *Chroniques*, vol. II, fol. II[r].

(3) La Poix de Fréminville ; *Traité général du gouvernement des biens et des affaires des communautés d'habitants* (1760).

du cimetière, et, cela aboutit à une assemblée générale des paroissiens qui eut pour fonction principale d'élire les membres de la *Fabrique paroissiale* ; à ces objets de délibération s'en joignirent d'autres par la suite, mais qui étaient également sous le contrôle et la direction du curé ; ce furent l'assistance des indigents et l'entretien de l'école. La communauté d'habitants agissant en vertu de ses intérêts temporels a donc été précédée par la fabrique de l'église paroissiale (1). Ces communautés ont toujours été tolérées, et, il convient de remarquer qu'aux xviie et xviiie siècles, elles jouissaient d'une certaine indépendance administrative alors que les municipalités des villes, autrefois si puissantes, avaient perdu la majeure partie de leurs prérogatives.

Le régime des assemblées générales, organes des communautés rurales, s'est maintenu dans les bourgs et les villages jusqu'en 1789 ; les habitants se réunissaient de temps en temps, au sortir des offices religieux, après avoir été convoqués au son de la cloche ou du tambour, en vue de délibérer sur leurs affaires communes et d'élire les agents qui devaient les servir et les défendre (syndics, collecteurs, messiers (2), et aussi le maître d'école). C'est ainsi que, sous l'auto-

(1) Esmein, *Histoire du Droit français*, fol. 681.

On trouve la paroisse régulièrement installée à titre d'être moral et religieux et d'unité civile dès le xe siècle. A cette même époque, les habitations du peuple auparavant dispersées dans les plaines, se groupent sur les hauteurs et sous les murs protecteurs du château du seigneur.

(2) Les messiers étaient chargés de la garde des moissons, des vignes et autres fruits.

rité du seigneur justicier, ils administraient, eux-
mêmes, leurs biens et leurs usages, percevaient leurs
revenus, présentaient leurs comptes, réparaient les
édifices publics (églises, écoles, ponts, etc.), secou-
raient l'indigence, payaient leurs dettes, votaient leurs
dépenses, contractaient des emprunts et levaient des
impositions. Ces assemblées étaient parvenues, à
travers les âges, à élargir sensiblement les liens qui
les enserraient et cela au fur et à mesure que la puissance seigneuriale s'était affaiblie. Elles étaient d'ailleurs l'essence même de l'administration du village
et favorisaient la bonne gestion des intérêts communs. Et, pourtant, malgré les avantages qu'offrait
aux populations des campagnes le régime des communautés, ajouté à l'allègement du joug seigneurial,
la situation des villages était malheureuse ; il subsis-
tait des abus injustifiables, les impôts étaient accablants pour les communautés rurales et inégalement
répartis, le paysan payait presque seul la taille et la
capitation auxquels venaient s'ajouter, non seulement
les impositions résultant des charges locales consenties par les habitants, mais encore la dîme due à
l'église ainsi que les droits féodaux dont la plupart
avaient perdu leur raison d'être et constituaient un
prélèvement notable sur la richesse nationale. Les
souffrances du peuple, surtout de celui des villages
déjà signalées aux États généraux de 1484, devinrent
de plus en plus intolérables aux xvi$^e$ et xvii$^e$ siècles.
Au xviii$^e$ siècle, en 1740, Massillon, évêque de Clermont, écrivait au ministre Fleury que le peuple des
campagnes était dans une affreuse misère à cause de

l'excès des impôts (1), et, l'on doit remarquer que, depuis cette époque, les taxes de toute nature ne cessèrent de s'accroître jusqu'en 1789. Nous ajouterons que le Pays de Velay supportait, depuis plusieurs siècles et sans réclamation fructueuse, le seizième des impôsitions de la Province du Languedoc, tandis qu'il était constant qu'il n'en formait au plus, *quant à l'étendue*, que la vingt-troisième partie (2).

L'administration de la communauté de Ceyssac était confiée à un consul élu par les habitants pour un an selon la coutume du Midi et qui se prenait toujours dans le bourg de Ceyssac ; il levait les tailles et autres impôts, mais n'entrait point à l'assiette. Dans chaque village de la paroisse et du mandement se trouvait un collecteur choisi par les habitants. A l'expiration de ses fonctions, l'ancien consul avertissait tous les habitants du mandement de se rendre chez le seigneur de la terre ou le juge ; s'y étant rendus, ils nommaient un sujet dont le greffier prenait le nom et l'inscrivait sur son registre (1760) (3).

(1) Lettre de Massillon, évêque de Clermont, citée dans Taine « origines de la France contemporaine, ancien régime, p. 431 ».

(2) Arrêté pris par les trois Ordres du Pays de Velay — réunion tenue au Puy au couvent des Carmes le 22 décembre 1788. — Se reporter aussi au sujet des réformes à apporter à cette triste situation, au « Cahier des instructions, demandes et pouvoirs pour les députés du Tiers-Etat de la sénéchaussée du Puy ». Ces deux documents sont reproduits dans la partie historique de *l'Annuaire de la Haute-Loire* pour 1868.

(3) Extrait de la notice sur Ceyssac du 1er février 1760 (Pons, prieur-curé de Ceyssac). *Tablettes historiques du Velay*, 6e année (1875-1876), p. 216 et 217. *Description géographique et historique du Velay*.

# LIVRE VIII

## LES TEMPS MODERNES

---

## CHAPITRE PREMIER

Ceyssac après la Révolution de 1789. —Nouvelle organisation
municipale : Ceyssac chef-lieu de la commune de ce nom. —
Premiers maires constitutionnels. — Transformations successives du Régime nouveau jusqu'à la Loi municipale de 1884.
— Liste des Maires de Ceyssac et de leurs adjoints. — Mairie
et Ecole publique. — Paroisse de Ceyssac, chronologie des
Curés depuis 1801. — Eglise moderne et nouveau presbytère.

### ORGANISATION MUNICIPALE A PARTIR DE 1789

Après la Révolution, le régime de la communauté
d'habitants ainsi que le consulat ont disparu à
Ceyssac. Le 14 décembre 1789, l'Assemblée nationale
supprima l'échevinage et toute l'organisation communale existante, et elle décida que les villes et villages de France formeraient, à l'avenir, sans aucune
des distinctions d'autrefois, des *Communes ou Municipalités.* La paroisse rurale, comme la ville la plus
importante, reçurent la même existence légale, le
même nom et les mêmes droits.

D'après cette nouvelle organisation qui entra en action en 1790 et dont le principe fondamental est le droit électoral, Ceyssac érigé en commune eut un maire chef du corps municipal, un procureur de la commune et plusieurs officiers municipaux auxquels étaient adjoints pour former le conseil général de la commune un certain nombre de notables. Le maire n'avait pas d'adjoint, il partageait le pouvoir exécutif avec un bureau (qui en tenait lieu) où entrait le tiers des officiers municipaux, les deux autres tiers formant le conseil municipal. Le procureur avait mission de requérir l'application de la loi et de provoquer les actes politiques ou administratifs de la commune.

Le conseil général de la commune était convoqué par l'administration municipale quand elle le jugeait utile, mais sa convocation était de droit, quand il s'agissait de délibérer sur des affaires engageant les finances de la commune.

Le maire, le corps municipal, le conseil général et le procureur étaient élus par tous les citoyens actifs de la commune pour deux années. Le bureau assistant le maire était nommé pour un an par le conseil municipal.

Les officiers municipaux et les notables devaient être renouvelés par moitié chaque année, le sort déterminant, à la fin de la première année les membres dont le mandat expirerait avant le terme.

La qualité de citoyens actifs appartenait à tous les habitants âgés de 25 ans, ayant un an de domicile dans la commune, payant une contribution équivalente à trois journées de travail et n'étant pas serviteurs à gages. Enfin, tous les actes de naissance, de mariage et de décès qui étaient auparavant dressés, dans chaque paroisse, par le curé, durent être faits par des officiers municipaux (élus pour cet objet), et être inscrits désormais sur des modèles uniformes, établis par la loi du 22 septembre 1792.

A cette administration libérale, mais dont les rouages se ressentaient d'un mécanisme compliqué, surtout dans une modeste commune rurale, en a succédé une autre instituée en vertu de la Constitution de l'an III.

La Constitution de l'an III décrétée le 30 thermidor (17 août 1795), réunit les communes de moins de 5.000 habitants dans une administration municipale « collective » concentrée au chef-lieu de canton ; le pouvoir communal se trouva donc absorbé par le canton dans le plus grand nombre des communes de France. C'est ainsi que, pendant plusieurs années, l'administration de Ceyssac dépendit du président de la commission municipale cantonale du Puy (1).

Cinq ans après, la loi du 28 pluviôse an VIII (18 février 1800), supprima à la satisfaction des administrés, ces municipalités cantonales. Il n'y eut plus d'administration municipale collective, les maires furent rétablis dans toutes les communes sans exception, comme l'avait fait l'Assemblée nationale à la fin de 1789. La loi de pluviose an VIII est encore la loi

(1) Le Directoire nommait auprès de chaque administration municipale un commissaire chargé de surveiller et de requérir l'application de la loi.

fondamentale de l'organisation actuelle sauf les changements que nous indiquerons.

Le maire, secondé par un ou plusieurs adjoints, selon l'importance de la commune, est assisté d'un conseil municipal, et les attributions d'officier de l'état civil lui sont conférées. Le maire, les adjoints et les conseillers municipaux sont nommés par le pouvoir exécutif sur la liste de notabilité communale.

Le conseil général de la commune est supprimé et il en est créé un unique pour tout le département.

Depuis 1831, les conseillers municipaux ont été élus par les électeurs communaux, au suffrage restreint jusqu'en 1848, et, avec le suffrage universel, à partir de cette époque. Quant aux maires et adjoints, leur mode de nomination a varié fréquemment : sous la monarchie de juillet, ils furent nommés par le Roi ; sous la 2ᵉ République, en 1848, les conseillers municipaux les élisaient, sauf toutefois dans les chefs-lieux de département et d'arrondissement et dans les communes de plus de 6.000 habitants où la nomination appartenait au Chef de l'Etat ; en 1852 (sous Napoléon III) leur nomination est dévolue pour toutes les communes, sans exception, au Pouvoir exécutif (ministre ou préfet), et ils pouvaient être pris en dehors des assemblées municipales, ce que n'avait pas fait Louis Philippe.

La désignation par les conseils municipaux de leurs maires et adjoints, a été restituée à toutes les communes de France par la loi du 5 avril 1884 qui, codifiée avec celle du 5 juillet 1888, régit aujourd'hui l'administration communale.

Nous possédons enfin une organisation communale et un code municipal en harmonie avec nos institutions démocratiques.

Avant de donner ci-dessous la liste des maires et adjoints de Ceyssac, il nous a paru utile d'entrer dans ces quelques détails sur le régime nouveau, car l'organisation de la commune est assurément un des objets les plus dignes de l'attention de tous.

Cette liste commence en 1791 et ne paraît pas présenter de lacune depuis cette date jusqu'à nos jours. Toutefois, nos recherches dans les archives départementales et communales ne nous ont pas permis de déterminer si M. Combernoux, le premier maire par lequel nous débutons en 1791, exerçait ses fonctions dès 1790, époque de la nouvelle organisation municipale.


MAIRES DE CEYSSAC :


Combernoux (Jean-André), 1791-1792.
Boudon (Jean-Jacques), 1793-1795 (1).


(1) Le procureur de la Commune, à Ceyssac, était alors le citoyen Berger André. (Voir Arch. comm. État civil).

Note : Les officiers municipaux élus pour dresser les actes de l'État civil de la commune de Ceyssac depuis la Révolution jusqu'à la loi du 28 pluviôse an VIII (18 février 1800), ont été les citoyens Combernoux Jean-André, Troubat Jean-Pierre, et Chazalon Jean-Pierre, membres du Conseil général de la Commune, les deux premiers ont fonctionné jusqu'en 1797, et, après eux, ce fut le citoyen Chazalon qui dressa les actes jusqu'à l'an 1800. — (Archives communales de Ceyssac. État civil).

Administration municipale collective concentrée au Puy, chef-lieu de canton. (Constitution de l'an III.) La commune de Ceyssac n'a qu'un administrateur municipal : Chazalon (Jean-Pierre), de la fin de 1795 à avril 1800.

Chazalon (Jean-Pierre), — le même que ci-dessus, — maire d'avril 1800 à octobre 1803.

Lobeyrac (Claude), avocat, de novembre 1803 à la fin de septembre 1808. (Il est mort à Ceyssac, le 18 janvier 1842) (1).

Gallet (Jean), d'octobre 1808 à juin 1815.

Giron (Jean-François), avocat, propriétaire à Ceyssac où il est décédé le 25 mars 1831 (1815-1817).

Charbounouze (Alexandre-Constantin-Raymond), notaire au Puy et propriétaire à Chadenac, de juin 1817 à mars 1821.

Roche (Hyacinte), de 1821 à 1827.

Raveyre (Antoine), d'octobre 1827 à la fin de 1831.

Musnier (Jean-Pierre), de janvier 1832 à août 1852.

Chanet (Claude), de septembre 1852 à la fin de 1857.

Pellissier (Jacques), intérimaire, 1858.

Pellion (Jean-Pierre), G. O. ✳, général de division, de septembre 1858 à juin 1862, décédé au Puy le 8 mai 1864.

Pellissier (Jean), de juillet 1862 à août 1865.

Lobeyrac (Albert), de septembre 1865 à mars 1874.

Pellissier (Jacques), ancien intérimaire (en 1858), de 1874 à 1876.

---

(1) Décédé président honoraire du Tribunal civil du Puy.

Lobeyrac (Albert), ancien maire, du 13 août 1876 au 29 novembre 1889, date de son décès à Ceyssac.

Lobeyrac (Edouard), ancien substitut, du 5 janvier 1890 jusqu'à son décès, 24 avril 1893.

Gallet (Félix), du 4 juin 1893 au 16 mai 1908.

De Bécourt (Louis-Eugène), ✳, ✵ I., trésorier-payeur général honoraire, en exercice depuis le 17 mai 1908.


ADJOINTS AU MAIRE :


Combernoux (1) (Jean-André), 1800-1803.

André, 1804-1815 (juin).

Roux (Jean-Jacques), 1815-1821 (mars).

Rioufreyt (Jean-Jacques), 1821-1855.

Rioufreyt (Antoine), 1856.

Pellissier (Jacques), 1857 (une première fois), et après avoir été maire intérimaire (2), adjoint d'octobre 1858 à août 1860 (2e fois).

Musnier (Jean-Pierre), ancien maire, de septembre 1860 à septembre 1865.

Chanet (Claude), ancien maire, du 10 septembre 1865 à mars 1874.

Rocher (Jean-Pierre), du 19 mars 1874 au 7 octobre 1876.

Rioufreyt (Florimond), d'octobre 1876 au 19 mai 1888.


(1) Ancien maire (1791-1792).
(2) Voir la liste des maires, qui précède.

Gallet (Félix), de mai 1888 au 14 mai 1892.

Rioufreyt (Florimond), du 15 mai 1892 au 18 mai 1912.

Roche (Régis), du 19 mai 1912 au 15 mai 1914, date de son décès.

Munier (Baptiste), élu le 21 juin 1914 (en exercice).

La mairie est située dans le quartier de l'ancienne église (1) ; au mois de mai 1899, a eu lieu l'inauguration des bâtiments neufs affectés à la mairie et à l'école communale. A proximité de cette nouvelle construction, on voit encore l'ancienne maison commune, exiguë et en assez mauvais état, qui est habitée par un particulier.

L'école, dont la vaste salle de classes avoisine, au rez-de-chaussée, la salle de la mairie, a été transformée en école mixte le 1ᵉʳ janvier 1892. Elle est fréquentée en moyenne par 55 à 60 élèves, et dirigée, depuis le 15 septembre 1886, par M. Firmin Reymond, qui cumule les fonctions d'instituteur avec celles de secrétaire de la mairie.

*Paroisse de Ceyssac après la Révolution de 1789.* — *Chronologie des Curés depuis 1801* : Fargier, 1801; Rabarte, 15 mars 1801-21 septembre 1803 ; Montagnac, 27 décembre 1803-18 février 1807 ; Bertrand, de 1807 au 19 mars 1823 ; Roche, 16 mai 1823-20 mai 1830 ; Duport, 23 juillet 1830-19 juin 1835 ;

---

(1) Les bâtiments ont été construits sur les fondations de l'ancienne maison Giron dont l'acquisition par la commune avait été approuvée par une délibération du Conseil municipal du 4 mars 1877 ; la vente fut faite par M. Aimé Giron.

Rome, 26 juillet 1835-10 décembre 1869 ; Pouderoux, janvier 1870-fin novembre 1894 ; Riou, installé le 1er décembre 1894, en exercice (1).

*Église moderne* : L'église actuelle a remplacé l'ancienne en 1873 (2). Le curé de cette époque, M. Pouderoux, n'ayant pu se mettre d'accord avec les propriétaires de la vieille église Saint-Jean-Baptiste, au
sujet d'une restauration qui s'imposait, prit l'initiative de la construction d'un édifice nouveau, il y parvint sans aucune subvention du Gouvernement ou de
la commune, au moyen de souscriptions particulières
— auxquelles il apporta largement sa part — et de
corvées volontaires faites par les habitants de Ceyssac.
On peut dire avec justice que l'abbé Pouderoux fut
l'âme de cette construction, l'architecte même du
monument religieux qui s'éleva à la grande satisfaction de la population doublement fière d'y avoir contribué par son travail et aussi par son argent.

L'église s'élève sur le flanc de la montagne et domine tout le bourg à l'entrée duquel elle est établie,
elle est construite dans un style pur gothique et forme
une croix latine. Le clocher est à jour avec trois baies
renfermant chacune une cloche. L'intérieur du monument se distingue par le goût qui a présidé à sa déco-
ration ; toute l'ornementation, autels, chaire à prêcher,

(1) Chronologie établie d'après les registres paroissiaux de Ceyssac.
Pour les prieurs-curés avant la Révolution, voir chap. 1er du
Livre V.

(2) Ancienne église Saint-Jean-Baptiste et vieux prieuré, Livre V,
chap. 1er.

vitraux, etc., est également en style gothique, formant un ensemble d'un heureux effet.

A côté de l'église moderne, se trouve un nouveau presbytère où les curés habitent depuis 1873, date à laquelle ils ont quitté le vieux prieuré (1).

---

(1) Ancienne église Saint-Jean-Baptiste et vieux prieuré, Livre V, chap. 1er.

# CHAPITRE II

Cours d'eau de la commune : la Ceysse ou ruisseau de Ceyssac, le Riou-Pezouillou et le ruisseau de Farreyroles. — Impétuosité de ces cours d'eau ; les inondations désastreuses. — Les sources existant sur le territoire communal ; le village où l'on en rencontre le plus : Brossac.

La commune de Ceyssac compte trois petits cours d'eau affluents de la Borne : la Ceysse ou ruisseau de Ceyssac (1), le ruisseau du Riou-Pezouillou (2) (rivus Pezolios au xiii<sup>e</sup> siècle) (3) et celui de Farreyroles (4).

Le premier part d'un plateau de 1,100 mètres d'altitude à 3,500 mètres nord-est de Saint-Jean-Lachalm, et se dirigeant vers le nord-est, gagne Montbonnet, Augeac et Cordes, villages de la commune de Bains, et passe ensuite à Chantilhac et à Brossac ; au-dessous de ce dernier village, la Ceysse

---

(1) « Ruisseau de Ceyssac » nom porté sur la carte d'État-Major, feuille Le Puy, n° 186 ; — « la Ceysse », ruisseau traversant la commune de Ceyssac (*Dictionnaire topog. Haute-Loire*, par A. Chassaing et A. Jacotin, page 51) ; — « la Cheysse » (1790), *Registre des procès-verbaux des séances du Conseil général d'administration de la Haute-Loire*, p. 56, 4 novembre 1790).

(2) Dénomination inscrite sur la carte administrative de la Haute-Loire (Ponts et Chaussées et Chemins vicinaux).

(3) Censier de Saint-Marcel (xiii<sup>e</sup> siècle).

(4) « Ruisseau de Farreyroles », désigné ainsi sur la carte administrative de la Haute-Loire (cantons nord-ouest et sud-est du Puy). Ponts et chaussées et chemins vicinaux, 1873.

précipite son cours vers Ceyssac dont elle baigne la base du célèbre rocher de brèche, et traverse le vallon, dans toute sa longueur, pour aller se jeter dans la Borne, rive droite, par 635 mètres à l'entrée d'Espaly-Saint-Marcel, à 2,5oo mètres, environ, en amont du Puy. Son cours total atteint près de 15 kilomètres.

Le second ruisseau vient de Clary, passe au-dessous du cône volcanique du Croustet qui fait partie de la chaîne des anciens volcans basaltiques du Velay, et vient tomber dans la Borne, au pied du rocher d'Espaly (1).

Le troisième sort de l'importante source de Fonlade (commune de Sanssac), et se perd dans la Borne, après avoir arrosé les prés de Senilhac et de Farreyroles ; il marque la limite des deux communes de Ceyssac et de Sanssac.

Ces ruisseaux, mais principalement celui de Ceyssac, sont très impétueux en temps d'orage ou à la suite d'une fonte subite des neiges sous l'influence des vents chauds ; la Ceysse devient alors un véritable torrent « dont les échos rapprochés répètent, en coups de canon, le choc des rochers entre eux, emportés par la masse des eaux et la pente rapide » (2), aussi de tous temps les ruisseaux en question ont-ils causé de dangereuses inondations.

On cite comme ayant été les plus désastreuses, les inondations du ruisseau de Ceyssac au cours des

(1) Voir chap. 1ᵉʳ du Liv. Iᵉʳ.

(2) Les *Fontaines de Ceyssac*, par Léon Giron. Le Puy, 1912.

années 1820, 1846, 1852 (1), 1866 et 1880. L'inondation de 1846 fut terrible et laissa partout des traces dont certaines durent encore. Celle du 1er juillet 1880 avait emporté le pont de Brossac, les deux ponts de Ceyssac, celui des vignes et démoli ou rendu inhabitables plusieurs maisons. Ce petit ruisseau s'était transformé et ressemblait à un fleuve; il s'était creusé un lit profond depuis Ceyssac jusqu'à Brossac et avait produit un glissement considérable des terrains à partir du Pradal jusqu'au-dessus de la Couonchys. Les prairies placées sur le parcours du ruisseau furent abîmées, défoncées; pas une digue n'avait pu résister, le torrent dévorant tous les obstacles avait tout détruit là où il était passé.

Le même jour, le Riou-Pezouillou et le ruisseau de Farreyroles avaient tous les deux débordé d'une manière extraordinaire, détruisant les chemins et ravageant de nombreuses prairies avant de joindre la Borne.

Enfin, le 7 septembre de cette même année, alors que les habitants commençaient à oublier ce désastre et se préoccupaient d'y remédier dans la mesure du possible, il survint une seconde inondation de la Ceysse qui causa des dégâts incalculables; le débordement des eaux fut encore plus fort que celui du 1er juillet (2).

(1) Le 26 août 1852, le Président de la République envoya 400 francs à la commune de Ceyssac pour contribuer au rétablissement du pont enlevé par l'inondation (Éphémérides locales, 1852, Haute-Loire, annuaire départemental de 1853).

(2) A la fin du siècle précédent, en 1790, il y avait eu une crue considérable des eaux du ruisseau de Ceyssac, les officiers munici-

En 1903 le gouvernement s'était préoccupé de restaurer les terrains endommagés par les inondations dans nos montagnes du bassin de la Loire supérieure (1). La commune de Ceyssac était au nombre de celles que cette restauration intéressait et l'administration des Eaux et Forêts lui avait transmis le projet de périmètre pour enquête et avis.

D'après ce projet, l'État se proposait d'exécuter dans le ruisseau de Ceyssac, entre Ceyssac et Brossac, trente barrages en mortier de chaux hydraulique et en moellons, destinés à endiguer solidement et entièrement le ruisseau de Ceyssac et à préserver le

paux de cette commune exposèrent à cette époque aux commissaires envoyés sur les lieux par le Conseil général d'administration du département, l'importance des dégradations causées par l'inondation de « la Cheysse » dans leurs possessions et les divers chemins de communication avec la ville du Puy et qui servent pour la culture de leurs fonds, ajoutant qu'il était pressant de faire réparer ces dégradations, mais que « plusieurs particuliers opiniâtres et malveillants s'y refuseraient si l'Administration n'autorisait pas la municipalité à cet effet ». Le Conseil général, présidé par M. Delormet, dans sa séance du 4 novembre 1790, après avoir entendu ses commissaires et le procureur général syndic, en délibéra et arrêta que les officiers municipaux de Ceyssac s'occuperaient incessamment à réparer et à faire réparer par les habitants les chemins dégradés et obstrués par suite des dernières inondations, de manière que leurs communications avec la ville et avec les fonds qu'ils ont à cultiver ne restent pas plus longtemps interceptés, et, dans le cas où quelqu'un des habitants refuserait de coopérer ou travailler aux réparations des dégradations survenues à ces chemins, l'assemblée décida que les officiers municipaux en dresseraient procès-verbal pour, après lui avoir été rapporté, être ordonné sur les conclusions du procureur général syndic, ce qu'il appartiendra ».

(1) Exécution de la loi du 4 avril 1882 sur la conservation des terrains de montagne.

village de nouvelles inondations; on devait ensuite
procéder aux travaux de restauration des terrains
dégradés par les crues et prendre pour l'avenir, les
mesures de conservation reconnues nécessaires. Ce
projet n'a pas eu de suite en raison d'un désaccord
entre l'Administration et la commune; nous ne sau-
rions trop le déplorer, car il eut procuré à Ceyssac,
avec la sécurité du lendemain, des avantages très
appréciables.


## LES SOURCES


La commune de Ceyssac renferme de nombreuses
sources aux eaux belles et limpides (1). Le service
des Ponts et Chaussées en a dressé le tableau, à la
date du 27 décembre 1909, en donnant à chacune
d'elles un numéro reproduit sur la carte d'État-Major
au 1/80,000e.

Ces sources, au nombre de seize et toutes d'affleu-
rement, émergent des roches basaltiques qui consti-
tuent le sol de Ceyssac et servent, en majeure partie,
à l'irrigation des prairies qu'elles fertilisent; elles
s'écoulent ensuite en suivant les pentes du terrain,
dans les cours d'eau ci-après : douze vont au ruisseau
de Ceyssac, trois à celui de Farreyroles et une au
Riou-Pezouillou.

Les deux sources les plus importantes de la commune sont « La Redouva », à Chadenac (804 m. d'alti-

(1) Ces eaux ont été analysées à *Brossac* et aux *Salles* d'une manière officielle, elles ont été reconnues très belles et très bonnes.

tude), et celle dite « Fontaine de Brossac (n° 9) », (843 m. d'altitude) qui débitent par minute, à leurs points d'émergence, la première 34 hectolitres 20 litres et la seconde 12 hectolitres 60 litres.

Deux sources seulement ont été captées et canalisées pour servir à l'alimentation publique.

1° Celle des « Salles » (846 mèt. d'altitude), dont les eaux sont utilisées partiellement par la ville du Puy (7 hectolitres 38 litres à la minute) ;

2° Celle des Toupeyrounes (hautes) (831 mèt. d'altitude), sous le hameau de Broussac, d'un débit de 200 litres à la minute dont les 2/3 alimentent le bourg de Ceyssac (1).

Enfin, les eaux des deux autres sources, de bien moindre importance, sont utilisées à leur état naturel et sur place à Chantilhac et à Brossac, pour la consommation des habitants et l'abreuvage des bestiaux.

C'est au sud de Ceyssac, dans la région accidentée de Brossac, au-dessous de ce hameau, à plus de 800 mètres d'altitude que l'on rencontre le plus grand nombre de sources ; la campagne de Brossac, avec ses rochers, sa verdure et ses eaux vives qui bruissent de tous côtés, est un lieu unique par sa sauvagerie et sa fraîcheur. Le ruisseau de Ceyssac qui descend en écumant de Cordes et de Chantilhac, parmi les roches et les pierres obstruant son lit, creuse çà et là des trous béants où l'on pêche des écrevisses ; il forme une jolie cascade dont les eaux bouillonnantes

(1) Voir Fontaines publiques de Ceyssac, chapitre suivant.

franchissent avec fracas une brèche basaltique (1).
Le ruisseau est encaissé, tout le ravin se trouve assombri par le rideau de verdure qui l'enferme. Dans ces coins solitaires animés seulement par le torrent, l'aspect de la nature est sévère, mais il a bien son attrait et il contraste heureusement avec le voisinage de vastes prairies égayées par des bouquets d'arbres, arrosées par les eaux limpides des abondantes sources jaillissant des rochers.

Aux promeneurs venus de Ceyssac pour explorer le vallon et surtout aux amateurs de pêche aux écrevisses, nous conseillons de monter jusqu'à Brossac, ils y aboutiront en vingt minutes par un chemin assez rapide et rocailleux (2) d'où ils jouiront en redescendant à Ceyssac d'un joli point de vue sur la vallée et le bourg ainsi que sur le dyke et les ruines du château.

(1) Voir Liv. Ier, chap. 1er.
(2) Chemin vicinal ordinaire (chapitre suivant).

# CHAPITRE III

Les fontaines publiques à Ceyssac. — Fête d'inauguration de
ces fontaines en 1913. — Excellent accueil fait par la population au représentant du Gouvernement et à tous les invités.
— M. Charles Dupuy, sénateur, ancien Président du Conseil.
— Conseils municipaux de Ceyssac ayant coopéré à l'œuvre
des fontaines. — Voies de communication. — Postes, téléphone et télégraphe.

## LES FONTAINES PUBLIQUES A CEYSSAC

Le chef-lieu de la commune de Ceyssac est entré
en 1912 dans une ère de progrès et de prospérité.
Il possède depuis le 1ᵉʳ décembre de cette année heu-
reuse pour ses habitants, des fontaines bien acces-
sibles au public d'où jaillissent avec abondance des
eaux potables de première qualité qui apportent
dans ce bourg un bien être inconnu jusque là.

Ceyssac se trouvait auparavant dans une situation
déplorable au point de vue alimentation en eau potable ; cette situation fâcheuse, depuis longtemps constatée, était néanmoins subie par craintes des dépenses
à faire ou de l'importance des difficultés à surmonter
pour y remédier. L'alimentation du bourg était uni-
quement assurée par le ruisseau de Ceyssac qui reçoit
toutes les impuretés non seulement de Ceyssac mais

celles des villages de Brossac et de Chantilhac et d'une partie de la commune de Bains. Les habitants ne pouvaient s'approvisionner qu'à ce ruisseau pour tous leurs besoins ménagers. L'eau ainsi utilisée était de très mauvaise qualité surtout en été où le débit du cours d'eau est réduit. Rien d'étonnant que dans de pareilles conditions, il y ait eu parfois des épidémies d'origine hydrique (1). La municipalité élue en 1908 fut frappée de ces graves inconvénients; elle se préoccupa de satisfaire aux vœux si légitimes de la population, prit sans tarder l'initiative d'accomplir cette œuvre d'utilité générale de première nécessité et y convia avec succès le conseil municipal qui lui prêta jusqu'à la fin son concours le plus dévoué.

Le projet d'adduction d'eau se heurta, dès le début, à une grosse difficulté d'ailleurs prévue. Bien que le territoire de la commune fut privilégié sous le rapport des eaux de source, Ceyssac n'en possédait pourtant pas sur ses domaines communaux, et, jusqu'alors ses mandataires avaient tenté en vain des démarches pour obtenir la cession d'une source en totalité ou en partie. Fort heureusement ces précédents insuccès ne découragèrent ni la municipalité, ni les conseillers municipaux, ni les habitants ; tous s'unirent dans une action commune, et c'est ainsi que tant de persévérants efforts finirent par aboutir.

(1) Constatation du docteur Alirol, médecin des épidémies de l'arrondissement du Puy, secrétaire du Conseil d'hygiène de la Haute-Loire (certificat délivré le 17 novembre 1910); — Mémoire justificatif de M. Joseph Ribeyre, sous-ingénieur, architecte de la commune, à l'appui du projet d'adduction d'eau.

Au mois de février 1910, le maire, M. de Bécourt, parvint à conclure un traité avec la famille Cuoq-Raveyre, propriétaire de la source des Toupeyrounes, à Brossac. La cession consentie le fut à un prix raisonnable ; Ceyssac a été en mesure de l'acquitter sur son modeste patrimoine.

Cette source a un débit moyen de 200 litres par minute, ce qui fait plus de 130 litres pour Ceyssac, la commune en ayant acquis les deux tiers. Peu après cette acquisition, M. Boule, professeur au Muséum, reconnaissait les eaux de la source à l'abri de toute contamination (1), et M. Boyer, chimiste spécialement désigné par le préfet, en constatait l'excellente qualité par des analyses et des examens faits sur place (2). A la fin de cette même année, le projet définitif d'adduction, dont la partie technique avait été étudiée et rédigée avec beaucoup de compétence par l'architecte M. Joseph Ribeyre, était adopté par l'assemblée municipale et transmis à l'autorité supérieure. Enfin, le 23 janvier 1912, après prise en considération du projet par la Commission de répartition des fonds du Pari mutuel, intervenait une décision ministérielle aux termes de laquelle était alloué à la commune un subside de 50 o/o du montant de la dépense prévue.

L'obtention immédiate d'une subvention de l'Etat aussi importante assurait le succès du projet des

(1) Rapport de M. Boule, professeur au Muséum, en date du 22 septembre 1910.

(2) Procès-verbal d'analyse par M. Boyer, chimiste, en date du 29 octobre 1910.

eaux, que la commune n'aurait certainement pas pu réaliser avec ses faibles ressources.

Les dernières formalités ne tardèrent pas être remplies : le préfet de la Haute-Loire approuvait le 1<sup>er</sup> mars 1912 le projet ; le 31 du même mois les travaux étaient adjugés dans de bonnes conditions, et, avant l'expiration de l'année, ils étaient terminés par l'entrepreneur M. Joseph Crozatier.

Le 1<sup>er</sup> décembre 1912, les habitants de Ceyssac possédaient un service parfait d'adduction d'eau potable, sans charges appréciables pour le budget communal (1).

Bien grande fut la joie de toute la population lorsque les fontaines coulèrent pour la première fois, et, l'explosion de ce sentiment se manifesta particulièrement le jour de leur inauguration officielle.

## FÊTE D'INAUGURATION DES FONTAINES DE CEYSSAC

Cette fête eut lieu le 17 août 1913, sous la présidence de M. le Préfet de la Haute-Loire assisté de M. Charles Dupuy, sénateur, ancien Président du Conseil des Ministres, et de M. Boutaud, député de la 1<sup>re</sup> circonscription de l'arrondissement du Puy. Elle fut très réussie et favorisée par un temps magnifique. Sur tout le parcours du cortège officiel, les rues

(1) Voir à « l'appendice de cet ouvrage » les renseignements relatifs à la captation des eaux de la source à Brossac ainsi qu'à l'amenée et à la distribution de ces eaux dans le bourg de Ceyssac, au devis des travaux, ressources budgétaires, etc.

et les habitations étaient décorées avec un goût parfait, les fontaines étaient pavoisées et enguirlandées;
quatre grands arcs de triomphe exprimaient les
souhaits de bienvenue de Ceyssac à ses élus et à tous
ses invités.

M. Charles Dupuy fut l'objet d'un accueils pécia-
lement sympathique de la part de la vaillante population de Ceyssac qui pratique cette douce vertu de
la reconnaissance, apanage des cœurs simples et bons.
Les habitants de la commune ne pouvaient oublier
que notre éminent sénateur s'était toujours montré
leur ami dévoué en même temps qu'un fervent admirateur des sites pittoresques, témoins de leurs labeurs
quotidiens et que c'était à ses incessantes démarches,
qu'ils devaient d'avoir obtenu l'importante subvention sans laquelle le projet des eaux n'aurait pu être
réalisé à Ceyssac (1).

Un banquet comptant 70 convives eut lieu à midi
dans la grande salle de classe de l'école, décorée pour
la circonstance de verdure et de nombreux drapeaux.
On y remarquait, à côté des notabilités du département et du maire M. de Bécourt, l'adjoint et les conseillers municipaux de Ceyssac, ainsi que les principaux artisans de l'œuvre des fontaines.

Après le banquet, tous les invités furent reçus par
le maire entouré de sa famille; il offrit le champagne
sur la terrasse du château d'où l'on a une si belle vue
sur le riant vallon de Ceyssac. Et, dans notre pensée,

(1) Le Conseil municipal de Ceyssac, dans sa séance du 25 février
1912, en avait exprimé sa vive gratitude à M. Charles Dupuy, par un
vote unanime.

CEYSSAC. — Château et village.

cette réception en invoquait une autre avec laquelle
elle formait un contraste frappant et bien digne d'être
signalé. Ces mêmes lieux où était ainsi reçu
M. Charles Dupuy, dont les actes comme Président
du Conseil (1) consacrèrent l'alliance et l'amitié
franco-russe, avaient vu cinquante ans plus tôt, le
maréchal Pélissier, duc de Malakoff, le héros de
Sébastopol (2). Que de chemin parcouru depuis la
guerre de Crimée ! Quel brillant résultat dont notre
patriotisme a tant lieu de se réjouir que cette alliance
entre la France et la Russie ! Au moment où nous
écrivons ces lignes, les vaillantes armées russes et
françaises aujourd'hui réconciliées, unies dans une
mutuelle estime et dont les cœurs battent à l'unis-
son, luttent héroïquement, aux côtés des Anglais,
pour l'indépendance des peuples et le triomphe de la
justice et de la civilisation !

L'inauguration des fontaines de Ceyssac fut l'occasion de discours très intéressants et fort applaudis,
prononcés par MM. de Bécourt, maire de Ceyssac (3);
Enjolras, membre du conseil général ; Léon Faure,

(1) Cabinet formé après la chute du cabinet Ribot en avril 1893,
par M. Charles Dupuy qui y prit la présidence du Conseil avec le
portefeuille de l'Intérieur.

(2) Voyez Liv. VIII, le chap. iv : « récit de M. Léon Giron sur le
séjour au château de Ceyssac en 1856-1857, du maréchal Pélissier,
duc de Malakoff, à son retour de Crimée.

(3) Voici les noms des membres de l'assemblée communale qui ont
coopéré avec la municipalité à l'œuvre des fontaines de Ceyssac :
*Élections municipales des 3 et 10 mai 1908* : MM. de Bécourt
(Louis-Eugène), maire ; Rioufreyt (Florimond), adjoint ; Roche (Régis) ; Dussap (Pierre) ; Lyotaud Eugène); Munier (Baptiste) ; Obrier

président de l'assemblée départementale; Boutaud, député; Charles Dupuy, sénateur, et Robert Beurdeley, préfet de la Haute-Loire. Tous les invités (2) emportèrent un excellent souvenir du gracieux accueil des habitants de Ceyssac, de leur maire et aussi des enfants de l'école mixte qui, groupés autour de leur instituteur M. Reymond, avaient offert, à l'arrivée du cortège officiel, de belles gerbes de fleurs aux présidents d'honneur de cette belle fête (3).


## VOIES DE COMMUNICATION DE LA COMMUNE DE CEYSSAC


En dehors des chemins ruraux qui la desservent, la commune est traversée par deux chemins de grande

(Henri); Michel (Pierre); — (scrutin du 3 mai 1908) — et MM. Pharisier (Etienne); Boyer (André) — (scrutin du 10 mai 1908).

*Élections municipales du 5 mai 1912* : MM. de Bécourt (Louis-Eugène); maire; Roche (Régis) adjoint; Munier (Baptiste); Pharisier (Etienne); Dussap (Pierre); Obrier (Henri); Rioufreyt (Florimond); Lyotaud (Eugène); Michel (Pierre); Boyer (André).

(2) Parmi les invités présents, nous citerons : M. M. Bonnefous, conseiller général, maire de Saint-Paulien; Belon, maire de Polignac, conseiller d'arrondissement, accompagné de la plupart des maires du canton nord-ouest du Puy; M. Guérin, trésorier-payeur général de la Haute-Loire, M. du Garay, conseiller honoraire à la Cour de Riom; MM. Boudignon et le docteur Alirol, anciens maires de la ville du Puy; MM. Pépin, conseiller de préfecture et Coutanceau, chef du cabinet du préfet; M. Cuoq, juge au Puy et M. Joseph Ribeyre, sous-ingénieur, architecte des travaux des fontaines de Ceyssac.

(3) Les journaux du Puy ont rendu compte de cette journée (numéros des 18 et 19 août 1913).

communication et trois chemins vicinaux ordinaires.

*Chemins de grande communication :*

N° 2, du Puy à Saint-Chély et Saint-Flour.
N° 11, du Puy à Ceyssac.

*Chemins vicinaux ordinaires.*

De Ceyssac à Vourzac et à Sanssac-l'Eglise ;
De Ceyssac à Brossac ;
De Chantilhac à la route n° 2 (1).

Ce tableau fait rassortir l'insuffisance des routes, tout au moins en ce qui concerne le chemin de grande communication n° 11, lequel s'arrête à Ceyssac; le voyageur venant du Puy au chef-lieu de la commune ne peut user d'aucune voie carrossable pour en sortir; ne pouvant aller plus loin, il est obligé de revenir au Puy par le même chemin. C'est en vain que jusqu'à présent, les représentants du canton nord-ouest du Puy et la municipalité de Ceyssac ont réclamé contre cet état de choses. Le prolongement de ce chemin entre Ceyssac et la route de Saugues s'impose; il aurait aussi l'avantage de mettre en communication Ceyssac avec Saint-Christophe-sur-Dolaizon et avec Bains, commune particulièrement importante par ses foires et marchés. Il nous semble que cette lacune dans le réseau vicinal ne saurait subsister indéfiniment.

(1) Route n° 2 de grande communication : Le Puy-Saint-Flour.

*Postes, Télégraphes et Téléphones.*

Le bureau de poste d'Espaly-Saint-Marcel dessert Ceyssac qui possède seulement une boîte aux lettres à l'entrée de la mairie. Depuis le 16 août 1913, il existe au chef-lieu de la commune de Ceyssac un bureau téléphonique et télégraphique municipal (1).

(1) Le téléphone a été inauguré en même temps que les fontaines publiques le 17 août 1913.

# CHAPITRE IV

Hommage à Ceyssac, Poème et récit : le maréchal Pélissier,
duc de Malakoff, à Ceyssac (« Souvenirs de Septembre par
Léon Giron »). Le « Poème des champs » de Charles
Calemard de La Fayette.

Après avoir retracé l'histoire du passé de Ceyssac,
de ce lieu bien modeste aujourd'hui, mais de bonne et
vieille maison puisqu'il est mentionné ainsi que son
castel dès le xi° siècle (1) dans les annales du Velay ;
après avoir jeté un coup d'œil sur les institutions de
la France nouvelle, qui par leurs progrès incessants,
ont relevé l'état moral et matériel de cette laborieuse
population rurale, je suis arrivé presqu'au terme de
mon travail. Toutefois, en écrivant cette monographie,
je ne me suis pas renfermé dans un cadre rigoureuse-
ment tracé d'avance, il m'a semblé que je pou-
vais recueillir mes souvenirs un peu partout et prendre de toute main de ci, de là... Afin de donner plus

(1) Les châteaux-forts qu'on vit successivement s'élever au xi° siècle dans la région qui forme aujourd'hui le département de la
Haute-Loire, furent en suivant l'ordre chronologique établi sur
documents authentiques, ceux de Bouzols, Ceyssac, Chalencon, La
Farre, Lardeyrol, La Mothe, Léotoing et Saint-Didier-la-Séauve. Ces
châteaux étaient les plus anciens après celui de Polignac dont la
construction remonte aux premières années du x° siècle (Voyez *La
France Moderne*, par J. Villain, *Introduction* par A. Jacotin, p. x).

de variété à mon récit et d'en augmenter l'intérêt, je reproduis ci-après, in-extenso, un article intéressant de mon ami très regretté M. Léon Giron (1) sur le séjour à Ceyssac, au cours des années 1856 et 1857, du maréchal Pélissier, duc de Malakoff, article inséré dans le journal *La Haute-Loire*, du 19 septembre 1906.

## LE MARÉCHAL PÉLISSIER, DUC DE MALAKOFF, A CEYSSAC

### 1856-1857 — (SOUVENIRS DE SEPTEMBRE).

« Par une chaude soirée de septembre, les cloches de la petite église rustique de Ceyssac annonçaient au village et au vallon de leurs voix en carillons, l'arrivée en ces lieux, retour de Crimée, du maréchal Pélissier, duc de Malakoff.

L'intrépide soldat de fraîche gloire se rendait

(1) Léon Giron, né le 11 novembre 1843, conservateur des musées du Puy, auteur d'un précieux ouvrage : *Les Peintures murales de la Haute-Loire* du xie au xviiie siècle », peintures qu'il avait relevées lui-même en fac-similé. Son frère aîné, Aimé Giron, qui a décrit Ceyssac dans un style si imagé, est un de nos meilleurs écrivains contemporains, il a publié des ouvrages très appréciés sur les mœurs et les sites du Velay ; son frère cadet Gaston, avocat au Puy, excellait dans les causes criminelles. Il est le petit-fils de Jean-François Giron, maire de Ceyssac, de 1815 à 1817 et le fils de Justin Giron, avocat au Puy, bâtonnier de l'ordre.

La famille Giron possédait au chef-lieu de la commune de Ceyssac une maison que M. Aimé Giron vendit, en 1877, à la commune qui y établit, en 1899, la mairie et l'école. (Voir Liv. VIII, chap. 1er). M. Léon Giron est décédé au mois de juillet 1914 longtemps après ses deux frères ; il avait une âme expansive et généreuse, c'était un esprit distingué et un noble cœur.

auprès de son ami le général Pellion (1), alors propriétaire du château de Ceyssac (2).

Les ombrages de Ceyssac, la fraîcheur de son ruisseau, le silence de ses bois plaisaient au héros de Crimée, heureux d'y savourer les douceurs de la solitude et de s'y reposer des fatigues de la guerre, loin du faste de la cour impériale.

Le glorieux compagnon d'armes du général Pellion vint pendant deux années consécutives auprès de son ami en répétant ce vers d'Horace « Bis repetita placent ».

Le maréchal d'une activité militaire toute juvénile se levait de bonne heure.

Sa première pensée à l'aube se portait sur son aide de camp installé dans une chambre voisine de la

(1) Jean-Pierre Pellion, général de division en 1852 et grand officier de la Légion d'honneur en 1857, conseiller général du canton de Solignac dès 1852, et Président du Conseil général de la Haute-Loire, maire de Ceyssac (1858-1862). Il était né à Gray (Haute-Saône), le 6 août 1793 et mourut au Puy à l'âge de 70 ans, le 8 mai 1864. Son frère le vice amiral Odet Pellion fit de nombreux séjours à Ceyssac ; préfet maritine à Brest, grand officier de la légion d'honneur, il est décédé le 23 janvier 1868, à Toulon où il avait fixé sa retraite. Ces deux officiers généraux donnèrent maintes preuves de talent et de courage dans leur longue et brillante carrière. (Voir la notice biographique qui leur a été consacrée par Stephen Leroy, professeur d'histoire et bibliothécaire de la ville de Gray en 1906 ; et une autre notice à la mémoire du général Pellion (1864) par Aimé Giron, publiée par le *Journal la Haute-Loire*. — Le général et madame Pellion n'eurent qu'une fille Jeanne-Marie-Léonie-Julie qui épousa Clément-Charles-Louis de Taffanel, comte de la Jonquière, propriétaire du château de Guitalens (Tarn). Le mariage eut lieu à Ceyssac, le 22 février 1865 et y attira de nombreuses notabilités. (Voyez reg. par. de Ceyssac, 1865).

(2) Propriétaires du château de Ceyssac : Livre Ier, chap. II.

sienne et, sans aucun scrupule, se permettait de le tirer régulièrement par les pieds, chaque matin, pour le réveiller.

Le jeune officier d'alors était le commandant Appert, qui fut plus tard général commandant de corps d'armée, ambassadeur à Saint-Pétersbourg et ami d'Alexandre II. La distinction parfaite de l'aide de camp, son extrême élégance et sa tenue pleine de réserve et de tact faisait contraste avec les allures rudes, parfois brutales du maréchal de France.

Un matin, le maréchal parcourant de bonne heure les allées ombreuses du parc qui conduisaient à la tour, au sommet du rocher, arriva en face du clocher à jour (1) de la vieille église (2) du village qui émergeait à niveau à l'endroit où il se trouvait. Saisissant le battant de la plus grosse cloche, il la heurta violemment par trois fois sur le bronze et fit retentir les échos de trois coups sonores comme trois coups de canons. Cette sonnerie intempestive (il était six heures du matin), était à l'adresse des jeunes gens des familles voisines et amies du château qu'il avait prévenus la veille de ce signal matinal pour les engager à venir le rejoindre dans les jardins de l'habitation.

A l'instar d'Anacréon qui s'entourait des jeunes gens de la Grèce, le maréchal aimait la jeunesse qui l'égayait et lui faisait cortège — ce dont nous étions heureux et surtout très fiers.

Suivi d'un chien qu'il appelait « Matouba », il lui

(1) Voir chap. I<sup>er</sup> du Livre V.
(2) Id.

faisait exécuter à nos yeux ébahis des tours variés de vertige et autres exercices savants.

Le déjeuner annoncé par la cloche réglementaire réunissait habituellement à la table du maître, nombreuse assistance où figuraient certains personnages politiques militaires ou religieux. Un jour, des sœurs de l'ordre des Trinitaires dépendant de l'hospice du Puy et qu'il avait connues en Crimée, se trouvaient au nombre des convives. A la fin du repas, il leur adressa, en termes flatteurs et émus, une allocution touchante, faisant allusion au dévouement et au mépris de la mort dont elles avaient fait preuve sur la brèche où il les avait admirées ; les larmes étaient dans tous les yeux et surtout dans les siens. Cette délicatesse de sentiments et cette sensibilité d'enfant qui dévoilaient un cœur d'or à travers une écorce presque farouche, produisaient une vive impression.

Les après-midi se passaient en promenades lentes et reposantes dans le vallon — auprès des clapiers, sur le bord du ruisseau, à l'ombre de frais bosquets — et sa conservation primesautière et émaillée d'esprit faisait le charme de la compagnie.

D'un caractère bouillant, il ne reculait point devant le mot propre pour exprimer sa pensée ni devant l'épithète grossière, s'il y avait lieu, pour faire exécuter un ordre.

Nous fûmes témoins, mon camarade et moi, d'une scène intime et imprévue dans son appartement. Le maréchal réclamait depuis un instant à son valet de chambre un gilet que celui-ci avait égaré et qu'il ne trouvait plus — le malheureux domestique troublé

par l'insistance impatiente de son maître et boule-
versé dans tout son être par une avalanche de quali-
ficatifs militaires à faire trembler une montagne, eut
l'imprudence de vouloir rendre son tablier et de
quitter son service : « Tu veux partir..... hé bien,
tu resteras, » lui cria le maréchal, mais avec un voca-
bulaire tellement menaçant que le pauvre garçon
interloqué, baissa la tête et finalement..... resta. Ce
soldat, toujours obéi, ne supportait pas la contradic-
tion. Quelques jours avant l'assaut de Sébastopol, le
général Pélissier qui, sans même consulter lord
Ragland, chef de l'armée anglaise, ne cessait de
méditer l'opportunité du moment où pourrait se
livrer la lutte terrible et se donner le coup décisif
contre la tour Malakoff, reçut à la dernière heure un
télégramme de Napoléon III qui semblait lui donner
un conseil « in articulo mortis ». Ce détail historique
a été peu connu. Le commandant en chef, mordant
sa moustache, crut devoir rester muet. L'Empereur
ne recevant aucun signe de vie, revint à la charge,
le général poussé à bout et résolu à ne rien divulguer
répondit... par un mot... bref, mais outrageant.
Par bonheur, le succès du lendemain effaça le mot
de la veille. Il n'en fut pas question....

Les soirées dans les salons de Ceyssac se passaient
en divertissements variés. D'un côté, des tables de
jeux placées aux angles, absorbaient les gens paisibles.
De l'autre s'organisaient, entre jeunes gens et jeunes
filles, des charades qui avaient plein succès. Le maréchal aimait à y prendre part et choisissait le plus
souvent un rôle dont il s'acquittait avec esprit. Le

choix du mot de l'énigme était son affaire, il consultait un dictionnaire français et c'était au milieu de rires bruyants qu'il adoptait de préférence des mots risqués, frisant même l'inconvenance et qui mettaient dans le plus cruel embarras l'élément féminin auquel il s'adressait.

Le chemin de Ceyssac était sillonné de nombreux et élégants équipages qui déversaient chaque jour, à l'ombre du grand Sully, devant la grille, nombre de visiteurs de marque (1), désireux de présenter leurs hommages à l'homme du jour.

L'élite de la société du Puy et du département se pressait dans ces réunions mondaines. C'était à qui pouvait l'approcher et causer avec lui. Au centre d'un cercle brillant des notabilités d'alors, le maréchal tenait avec succès le sceptre de la conversation et de l'esprit. Sa tête, à cheveux ras, blancs de neige, se détachait en vigueur sur le fond de son entourage et ses sourcils épars en harmonie avec sa courte moustache lui donnaient un caractère de farouche énergie.

(1) Le général Pellion recevait au château de Ceyssac les fréquentes visites de ses amis, compagnons des vieilles guerres ; son frère l'amiral y débarquait quelquefois le front couronné de gloire. Le maréchal Pélissier y contait la prise de Sébastopol et Mgr de Morlhon, évêque du Puy, y causait souvent de la statue de Notre-Dame de France (Aimé Giron, *Notice 1864*) déjà citée à ce chapitre en note.

Mgr de Morlhon prélat d'un haut mérite, s'honora en entreprenant et en menant à bonne fin l'érection, sur le rocher de Corneille, de la statue colossale de Notre-Dame de France. Dans cette grande œuvre Mgr de Morlhon trouva, dans la personne du duc de Malakoff, un glorieux associé qui conquit à Sébastopol les canons dont le métal servit à couler la statue de Bonnassieux.

Régulièrement, le dimanche, le maréchal de France se rendait à la petite église taillée dans le roc où il recevait l'eau bénite des mains du vieux bon curé (1) qui l'attendait à la porte, et, ce Bayard de notre époque, placé au centre du sanctuaire, devant son prie-Dieu de velours, entendait la messe avec la foi du dernier des charbonniers.

. . . . . . . . . . . . . . . . . . . . . . . . . . . . . . . . . . . . . . . . . . . . .

. . . . . . . . . . . . . . . . . . . . . . . . . . . . . . . . . . . . . . . . . . . . .

Par une triste soirée d'automne, au ciel brumeux et presque froid, par un vent poussant les feuilles mortes sur les chemins, un équipage descendait lentement la route du Puy et emmenait pour ne plus revenir, l'hôte illustre qui, d'un reflet de sa gloire, avait illuminé, quelques jours, le silencieux et pittoresque vallon. Les adieux furent tristes..... c'était les derniers. Les journaux annoncèrent, peu après, le mariage du maréchal avec une jeune espagnole que l'Impératrice Eugénie avait elle-même choisie dans les rangs de sa famille.

Après avoir occupé les hautes fonctions de grand chancelier de la Légion d'honneur et d'ambassadeur à Londres, le maréchal, duc de Malakoff, fut nommé gouverneur général de l'Algérie où il mourut en 1864.

Depuis lors, les témoins de ces jours heureux au village comme à la ville et au château, ont disparu.

Disparus, les personnages eux-mêmes qui avaient jeté l'éclat d'un jour sur ce petit coin de notre pays.

______

(1) M. Rome, curé desservant de Ceyssac depuis 1835, décédé à Ceyssac en décembre 1869 et enterré dans le vieux cimetière du village. (Voir Liv. VIII, chap. 1er).

Le Sully majestueux et touffu à la porte du parc a perdu ses branches, les saules se sont courbés et tordus sous le poids d'un demi-siècle et le château a changé de maîtres (1).

Seuls témoins éternels, ont survécu le ruisseau et le rocher.

Le ruisseau continuant à serpenter avec le bruit de ses eaux à travers les clapiers.

Le rocher invariable et impassible devant tout ce qui se passe comme devant le nuage qui le domine et s'enfuit... »

*<br>* *

*Continuation du récit de cette époque de Ceyssac. — Le Poème des champs de Charles Calemard de La Fayette:*

Le « Poème des champs » de notre très distingué compatriote M. Charles Calemard de La Fayette (2) va nous permettre de compléter le récit de cette époque brillante de Ceyssac.

Dans cet ouvrage couronné par l'Académie française et dont Arsène Houssaye a dit, lors de son apparition, que « nul encore en France n'avait, à son sens, fait

(1) Voir chap. II du Liv. Iᵉʳ.

(2) Charles Calemard de La Fayette, né à Senilhac le 7 avril 1815 et décédé le 5 avril 1901, littérateur et poète, lauréat de l'Académie française, agronome distingué. Retiré à Senilhac sous le toit de ses pères, il a consacré sa vie à l'amélioration de l'agriculture et du sort des laboureurs; ses écrits ont contribué à faire aimer les populations rurales (se reporter aussi au chapitre II du livre III).

autant songer à Virgile », M. Calemard de La Fayette
a chanté avec âme sa douce terre natale, le vieux
Velay, ses aspects émouvants, ses sites pittoresques
et aimés ; il a conduit le lecteur dans les bois de
Senilhac aux profondeurs discrètes et dans les frais
jardins qui avoisinent l'ancienne maison seigneuriale
dont le donjon n'est plus... aujourd'hui « villa de
poète ou de cultivateur » (1). Plus loin, en évoquant
les fastes de la guerre de Crimée, M. de La Fayette a
consacré de beaux vers au maréchal Pélissier en
séjour au château de Ceyssac et aussi l'hôte de
Senilhac. Après avoir adressé des éloges mérités au
héros de Malakoff qui venait de montrer un si grand
caractère et de révéler de si hautes qualités militaires (2), il continue par les vers suivants nouvel
hommage au maréchal Pélissier en même temps
qu'un affectueux souvenir à la gracieuse châtelaine
de Ceyssac, à son mari le brave général Pellion et à
leur frère le vice-amiral Pellion (3).

. . . . . . . . . . . . . . . . . . . . . . . . . . . . . . . . . . . . . . . . . . . . . . . . .

« Et maintenant pourquoi tairai-je dans ces vers
« Combien ils vous sont dus à des titres divers ?
« O Duc ! sur le plateau rebelle où je défriche,
« Nous gardons amitié pour le vallon plus riche;
« La villa, solitaire aux champs de Senilhac,
« Ne saurait oublier les voisins de  Ceyssac.

(1) *Poème des champs*, par Ch. Calemard de la Fayette, 2ᵉ édition,
1864, pages 55 et suivantes du 2ᵉ Livre, ouvrage ayant obtenu le *prix
Montyon*.

(2) Pages 64 à 66  du Livre II du *Poème des champs* de Charles
Calemard de La Fayette.

(3) Voir chapitre ii du livre Iᵉʳ de notre ouvrage.

« C'est là qu'avec orgueil, nous avons vu naguères

« De nobles vétérans venus des grandes guerres (1),

« Rassasiés d'honneurs, chercher l'ombre  et l'oubli

« Dans un castel charmant par la grâce embelli.

« C'est là qu'il vous plaisait fuir les sphères plus hautes ;

« Et Senilhac vous vit alors parmi ses hôtes,

« Et nous avons aimé le héros, le vainqueur

« Aux plus obscurs travaux intéressant son cœur,

« Sans dédain  pour nos champs et leur modeste école,

« D'un regard qui voit tout, suivant l'œuvre  agricole,

« Saluant, en ami, le semeur au labour

« Et les riches moissons dignes de tout amour.

« Il sait donc le héros  prier, aimer, comprendre

« Cette œuvre dont j'ai vu tout vrai  penseur s'éprendre

« L'œuvre du  paysan, le grand devoir  sacré

« D'alimenter le monde en  restant ignoré;

« Comme il se plaît encore, prompt pour toute aptitude

« A mêler, par instants, aux grands sujets d'étude

« Tous les délassements moins graves de l'esprit ;

« Ainsi, nous le savons, la muse lui sourit.

« Ce rude ami des camps, qu'attire aussi la grâce,

« Au beau pays latin converse avec Horace ;

« Et dans l'intimité du poète introduit,

« D'un vers facile, imite Horace ou le traduit;

« Et tel quatrain signé de son noble paraphe,

« Ajoute au  prix des vers le prix de l'autographe » (2).

. . . . . . . . . . . . . . . . . . . . . . . . . . . . . . . . . . . . . . . . . . . . . . . . . . . . . . .

Nous nous  arrêtons avec le regret de ne pouvoir donner que de courts passages de ce poème si beau, si captivant  où  tout est à lire et où l'on rencontre

(1) Se reporter à la note de la page 66 du *Poème des champs* (p. 3o2).

(2) *Poème des champs,* par Ch. Calemard de La Fayette, Livre II, p. 66, 67 et 68, 2e édition.

tant de charmants tableaux « peints avec un rare bonheur dû à une extrême vérité » (Sainte-Beuve, *Nouveaux Lundis*) (1).

(1) C. A. Sainte-Beuve, *Nouveaux Lundis*, vol. II, p. 279 (3e édition).

# APPENDICE

# COMMUNE DE CEYSSAC



## ÉLÉMENTS DE STATISTIQUE
### (Annexe du Livre I, chap. 1er.)



| ANNÉES | COMMUNE | POPULATION | NOMBRE de lieux habités | NOMBRE de maisons | ALTITUDE | DISTANCE kilométrique du Puy | BUREAU de poste | NOMBRE des électeurs | DATE du cadastre | SUPERFICIE en hectares | DIVISION DU SOL | | | | | | REVENU cadastral | POPULATION ANIMALE — Dénombrement des animaux | | | | |
| | | | | | | | | | | | Labour | Prairies | Vignes | Bois | Pâturages et terres vaines | Cultures diverses ou bâties | | Races chevaline muassière et asine | Race bovine | Race ovine | Race porcine | Race caprine |
|---|---|---|---|---|---|---|---|---|---|---|---|---|---|---|---|---|---|---|---|---|---|---|
| 1915 | Ceyssac | 317 | (1) 11 | 123 | 705 | 4 kil. | Poste à Espaly T. et T. à Ceyssac | 101 | 1808 | 1086 | 714 | 120 | 2 | 54 | 156 | 40 | 11.453 02 | 27 | 451 | 1120 | 124 | 35 |
| 1866 | Ceyssac | 320 | 11 | 129 | 705 | 4 kil. | Le Puy | 114 | 1808 | 1086 | 715 | 104 | 17 | 45 | 154 | 51 | 35.135 77 | 18 | 367 | 1292 | 113 | 3 |

## POPULATION DES LOCALITÉS DE LA COMMUNE DE CEYSSAC

| LOCALITÉS | En 1866 | | En 1915 | |
| | HABITANTS | MAISONS | HABITANTS | MAISONS |
|---|---|---|---|---|
| Ceyssac | 153 | 87 | 163 | 46 |
| Le Vigneau « de Ceyssac » | » | » | 8 | 45 |
| Chantillac | 46 | 13 | 35 | 9 |
| Senilhac | 34 | 11 | 37 | 6 |
| Broussac | 36 | 7 | 13 | 3 |
| Chante-Perdrix | 2 | 1 | 6 | 1 |
| Croustet | 6 | 4 | 5 | 1 |
| Clary | 8 | 1 | 13 | 2 |
| La Peyreyre | 5 | 2 | 8 | 2 |
| Chadenac | 12 | 1 | 5 | 2 |
| La Crebade | 8 | 1 | 20 | 5 |
| Les Salles | 10 | 1 | 4 | 1 |
| TOTAUX | 320 | 129 | 317 | 123 |

(1) 11 en ne comptant pas à part le Vigneau de Ceyssac.

# APPENDICE

---

## DESCRIPTION GÉOLOGIQUE DU VELAY
### PAR MARCELLIN BOULE (1)

---

*PROGRAMME EXPLICATIF DES EXCURSIONS*
*DANS LE VELAY* (2)

---

### BASSIN DU PUY

Il est caractérisé par un grand développement de dépôts lacustres oligocènes, par des éruptions basaltiques d'un cachet particulier et par une formation alluviale importante, riche en gisements de mammifères fossiles du pliocène moyen.

*Ceyssac.* — Le ravin de Ceyssac permet d'étudier les alluvions du pliocène moyen et les brèches basaltiques contemporaines.

Les alluvions du pliocène moyen ou sables à mas-

(1) Marcellin Boule, agrégé de l'Université, docteur ès-sciences, collaborateur du service de la carte géologique de France : description donnée au *Bulletin des services de la Carte géologique de France*, n° 28, tome V, 1891-1893 — Mars 1892.

(2) Voir Liv. Ier, chap. Ier de notre ouvrage : *Rochers, dyke de Ceyssac, alluvions.*

todontes (1) dont l'épaisseur peut atteindre 100 mètres présentent le plus grand intérêt. Elles renferment, en effet, à l'état de cailloux roulés, toutes les roches volcaniques du Massif du Mezenc, et leur âge est très facile à fixer car elles sont riches en mammifères fossiles des espèces suivantes : « Mastodon avernensis, Mastodon Borsoni, Tapirus avernensis, Rhinoceros etruscus, Equus stenonis, Palæoreas torticornis, Cervus pardinensis, hyœna... Machairodus... etc. Ces espèces caractérisent, pour la plupart, ce qu'on est convenu d'appeler le pliocène moyen. Elles nous fournissent donc une limite supérieure pour fixer l'âge des volcans du Mezenc et du Meygal.

Les sables à mastodontes alternent souvent avec les formations volcaniques, coulées ou brèches de projections.

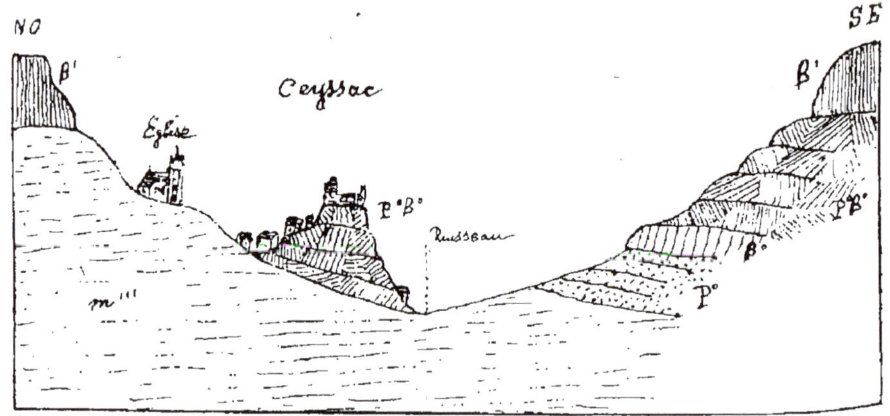


Coupe transversale du ravin de Ceyssac.

La coupe transversale du ravin de Ceyssac montre

(1) Les sables à mastodontes commencent à 200 mètres environ en amont de Ceyssac (Marcellin Boule, *Guide de la Haute-Loire*, p. 232).

que le rocher isolé de Ceyssac se rattache aux brèches
basaltiques P⁰ B⁰ du flanc droit de la vallée.

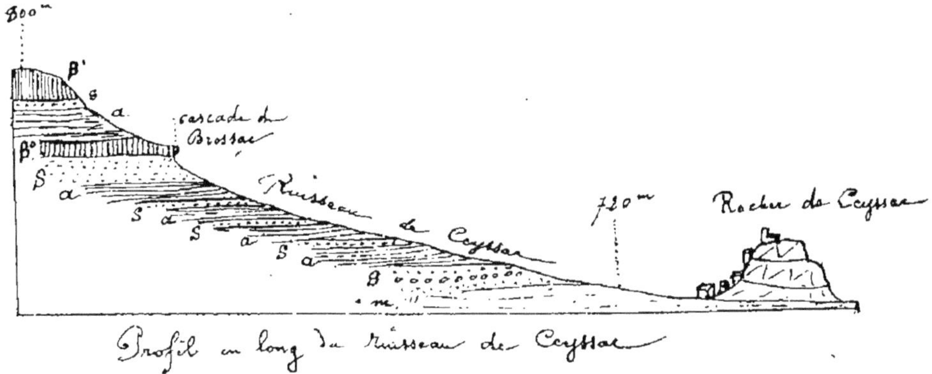


Notation : B¹ basalte, — P⁰B⁰ brèches, — B⁰ basalte du pliocène moyen, — mˡⁱⁱ
oligocène, — S sables, A argiles schisteuses à diatomées.

La coupe 2 (celle ci-dessus), montre l'intercalation
d'une coulée de basalte B⁰ dans l'épaisseur de la formation alluvialle du pliocène moyen qui possède ici
un faciès particulier. Les sables (S) alternent en effet
avec des argiles schisteuses à diatomées (S) qui renferment une flore (1) à peu près synchronique,
d'après M. de Saporta, de la flore des cinérites supérieures du Cantal. Dans les sables mêmes, on a re-
cueilli des débris de mastodon avernensis.

Sur le plateau qui domine le vallon de Ceyssac se

(1) Nombreuses empreintes de plantes : pins, sapins, saules, éra-
bles, jujubiers, etc., etc. Les bons affleurements s'observent au fond
même du ravin de Ceyssac (*Guide du touriste, du naturaliste et de
l'archéologue*, Haute-Loire et Haut-Vivarais, par M. Marcellin Boule,
p. 233.

M. Georges Boudon, avoué au Puy, possède dans sa collection
géologique, de l'argile à diatomées, avec empreintes fossiles, qu'il a
recueillie dans le lit du ruisseau de Ceyssac, non loin de la cascade de Brossac.

trouve le cône volcanique du Croustet qui fait partie
de la chaîne des volcans basaltiques du Velay ; il est
éventré par une carrière de pouzzolane dont l'exploitation permet d'étudier la structure et la composition
de ces cônes. — Nombreuses bombes volcaniques
avec enclaves variées (1).

## BASSIN DU PUY

### (MINÉRALOGIE)

M. Ernest Munier, chimiste au Puy, praticien
compétent et expérimenté, a signalé en 1913 dans
les colonnes du journal *La Haute-Loire* (2), quelques
richesses inexploitées du bassin du Puy.

Au cours de ses diverses explorations à Ceyssac,
il a découvert un gisement très important de tripoli
formé dans le lac miocène de la vallée.

Dans cette vallée se trouve, dit-il, un gisement
considérable de silice légère ou tripoli (gris ou rouge)
formé par des infusoires (3), en haut de ce lac tranquille. Le plus grand gisement est de couleur grise,
l'autre qui a subi l'action du volcan, est rouge.

En attirant l'attention du public sur les gisements
de Ceyssac, M. Munier estime qu'ils sont susceptibles
d'une exploitation lucrative.

(1) Les bombes renferment des enclaves de roches primitives avec
cordiérite, zircon, corindon bleu etc. (extrait du même *Guide* de
M. Marcellin Boule (même page).

(2) *Haute-Loire*, Chronique locale, numéro du 15 juin 1913.

(3) Animalcules qui jouissent de la propriété de s'assimiler la
silice alors que les autres animaux élaborent ordinairement la chaux.

## LES FONTAINES PUBLIQUES A CEYSSAC

### (RENSEIGNEMENTS COMPLÉMENTAIRES DU LIVRE VIII, CHAPITRE III)

La source des Toupèyrounes, sous Brossac (1), acquise par la commune de Ceyssac le 24 février 1910, est sise à 1,250 mètres de cette dernière localité.

L'eau sort du basalte pliocène et provient du vaste plateau basaltique qui se trouve à l'aspect sud-est de la source ; elle émerge actuellement sous des prismes basaltiques par une légère couche de gravier ou de sable reposant sur une couche argileuse, à 831 mètres d'altitude.

Les échantillons prélevés pour l'analyse chimique le lendemain d'une pluie persistante de cinq heures, ne révélèrent aucune impureté, ce qui dénote bien l'imperméabilité et la cohésion parfaite de la lave basaltique sous laquelle arrive l'eau qui est très belle, très bonne et très pure (2).

La captation des eaux de la source de Brossac a été opérée au moyen d'une galerie voûtée et maçonnée de 4 mètres environ de longueur de pénétration qui conduit au gisement géologique de la source c'est-à-dire à la roche basaltique en place. On se trouve ainsi au point de captage à 6 mètres en contre-bas du sol, bien à l'abri des infiltrations des

(1) Le hameau de Brossac se trouve à 300 mètres de distance de la source.

(2) Température de l'eau : 10°·

eaux de surface. La galerie de captation se trouve dans une sorte de petite grotte close par des travaux de maçonnerie, à 105 mètres au-dessus du lieu de distribution.

Les eaux destinées à Ceyssac sont dirigées dans un grand réservoir en maçonnerie établi dans la partie haute de la propriété dite « Communal de Bonhomme » en contre-bas de la source et à 8 mètres au-dessus du faîte des plus hautes maisons du bourg. Ce réservoir d'une contenance de 78 mètres cubes, comprend deux compartiments égaux et indépendants qui peuvent être remplis en même temps ou séparément; ce dispositif ingénieux permet d'effectuer leur nettoyage sans interruption de service.

La canalisation atteint une longueur totale de 1,300 mètres et est assurée par des tuyaux en fonte d'un diamètre variant, suivant les besoins, de 0ᵐ06 à 0ᵐ04.

Les eaux sont distribuées dans Ceyssac : 1° par deux fontaines à jets continus, avec bac-abreuvoir circulaire dont l'une sise au centre du bourg est en pierre de taille et l'autre en ciment armé; 2° par deux bornes-fontaines et un robinet encastré dans le mur extérieur de la cour de l'Ecole. De plus, le service d'incendie a été prévu et, dans ce but, plusieurs bouches ont été établies aux fontaines; une bouche a été jointe à la borne située sous l'église et au bord du chemin de grande communication reliant Ceyssac au Puy, et une autre a été établie entre les deux fontaines avec bacs, à un point d'où il sera facile de

diriger l'eau sur la majeure partie des habitations (1).
Il convient d'ajouter que l'eau ne saurait manquer
pour cet objet; le réservoir d'une contenance de
78 mètres cubes, ainsi que nous l'avons dit, ayant
un double but; il pourvoit facilement à l'alimentation de Ceyssac et constitue une réserve en cas
d'incendie, réserve qui permettrait de déverser très
rapidement, à un point quelconque du bourg, un
cube d'eau suffisant pour arrêter le sinistre.

Toutes les précautions ont été prises en vue de
protéger la source; un décret du 17 juin 1913 a déclaré d'utilité publique les travaux d'adduction d'eau
de la commune de Ceyssac et autorisé l'établissement d'un périmètre de protection.

Le projet d'adduction comportait, en y comprenant le prix d'acquisition de la source, une dépense
totale de 17,000 francs couverte *par moitié* par la
subvention de l'Etat; sa réalisation n'a nécessité
qu'un emprunt de 5,500 francs dont le paiement des
annuités au Crédit Foncier de France se trouve
facilité considérablement, par l'attribution annuelle à
la commune des fonds de l'ancien budget des Cultes.
Depuis 1910, Ceyssac bénéficiait, chaque année, de
cette allocation (variant entre 700 et 750 fr.), ce qui
avait permis de supprimer une imposition pour insuffisance de revenus de 0 fr. 18 produisant environ 665 fr. Il résulte de cette situation que, par suite
du rétablissement de 8 centimes 50 d'impositions
pour l'adduction d'eau, la commune se trouve, —

(1) En face la maison Gazanion.

tout en possédant une belle source et des fontaines à son chef-lieu, — sensiblement moins imposée qu'autrefois et non plus indéfiniment, l'emprunt à amortir ayant été contracté pour 3o années. — Cette diminution atteint 9 centimes 5o, représentant un chiffre d'impôts de 349 fr. (1).

L'emprunt au Crédit Foncier a été conclu avec cette administration, les 27 et 31 mars 1912. En vertu de l'article 2 du traité, la commune de Ceyssac doit se libérer en 3o ans, à compter du 31 décembre 1912, au moyen de 3o annuités de 31o fr. 72 c. chacune, payables, par moitié, les 3o juin et 31 décembre de chaque année, et comprenant, en outre, la somme nécessaire à l'amortissement du capital (l'intérêt de ce capital à 3 fr. 85 o/o par an).

A la fin de 1915, le règlement des comptes avec M. Crozatier, entrepreneur, déclaré adjudicataire le 2 avril 1912, n'était pas entièrement terminé, mais on pouvait se rendre compte déjà que l'ensemble des dépenses effectuées ne dépasseraient pas beaucoup le total de celles prévues au budget pour la réalisation du projet (2).

---

(1) La valeur du centime de l'exercice 1911 était de 36 fr. 74,2.

(2) Les renseignements concernant le projet d'adduction d'eau à Ceyssac ont été extraits du mémoire justificatif de M. Joseph Ribeyre, auteur du projet, et des délibérations municipales ou pièces originales du dossier des fontaines.

# TABLE ANALYTIQUE

## DES MATIÈRES

## LIVRE PREMIER

# LIVRE DEUXIÈME

### HISTOIRE DU CHATEAU ET DE SES SEIGNEURS — LA BARONNIE JUSQU'A LA FIN DU XVII<sup>e</sup> SIÈCLE

## CHAPITRE PREMIER
### (XI<sup>e</sup>, XII<sup>e</sup> ET XIII<sup>e</sup> SIÈCLES)



## CHAPITRE II
### (XIII<sup>e</sup> SIÈCLE ET SUITE DU MOYEN AGE)



## CHAPITRE III
### (MOYEN AGE)



## CHAPITRE IV
### (XIV<sup>e</sup> ET XV<sup>e</sup> SIÈCLES)

## CHAPITRE V

### (DE 1421 AUX GUERRES DE RELIGION)



## CHAPITRE VI

### GUERRES DE RELIGION (1560-1596).



## CHAPITRE VII

### XVIIe SIÈCLE.

# LIVRE TROISIÈME

## LA BARONNIE DE 1693 JUSQU'A LA RÉVOLUTION DE 1789

### CHAPITRE PREMIER
### DE 1693 A 1733



### CHAPITRE II
### (DE 1733 A 1789).



# LIVRE QUATRIÈME

## LE FIEF ET LES TERRES DE LA BARONNIE DE CEYSSAC

### CHAPITRE PREMIER

# LIVRE CINQUIEME

## LA VIEILLE PAROISSE ET SON ÉGLISE

### CHAPITRE PREMIER



---

# LIVRE SIXIÈME

## LES FAMILLES NOBLES A CEYSSAC AUX XVII<sup>e</sup> ET XVIII<sup>e</sup> SIÈCLES — SÉPULTURES DU TEMPS

### CHAPITRE PREMIER



---

# LIVRE SEPTIÈME

## L'ADMINISTRATION A CEYSSAC SOUS L'ANCIEN RÉGIME

### CHAPITRE PREMIER

# LIVRE HUITIÈME

## LES TEMPS MODERNES

### CHAPITRE PREMIER



### CHAPITRE II



### CHAPITRE III



### CHAPITRE IV

# TABLE DES GRAVURES

# CORRECTIONS ET ADDITIONS

Page 36, note 3 ; elle doit être complétée ainsi : « Preuves de la maison de Polignac », vol. 1er fol. 276, document n° 145.

Page 37, note 1 ; au lieu de : même référence qu'au n° 5, p. 170, lire : A. Lascombe, « Rép. gén. des hommages de l'évêché du Puy. p. 170.

Page 49, 16e ligne, 1er mot ; quand, lire : quant.

Page 96, 4e ligne, 4e mot ; un fief, lire : en fief.

Page 103, 8e et 9e lignes ; le reste de l'église est construit, lire à la place : l'église est construite.

Page 104, note 1, fin de la 2e ligne ; Noël Thioller, lire Noël Thiollier.

Page 142, 14e ligne, 4e mot, des, lire : de.

Page 161, note 2, 1re ligne, 7e mot ; à Senilhac, lire : au Puy.

LE PUY-EN-VELAY. — IMPRIMERIE PEYRILLER, ROUCHON ET GAMON.